한국개신교의 수용과 성장 그리고 비판

한국개신교의 수용과 성장 그리고 비판

초판 1쇄 발행   2018년 10월 5일

지은이 ㅣ 김행선
발행인 ㅣ 윤관백
발행처 ㅣ 도서출판 선인

등록 ㅣ 제5-77호(1998.11.4)
주소 ㅣ 서울시 마포구 마포대로 4다길 4 곶마루 B/D 1층
전화 ㅣ 02)718-6252 / 6257   팩스 ㅣ 02)718-6253
E-mail ㅣ sunin72@chol.com

정가 15,000원
ISBN 979-11-6068-214-4 93200

· 잘못된 책은 바꿔 드립니다.

한국개신교의 수용과 성장
그리고 비판

김 행 선

책을 펴내며

    본 저서는 당시 식생활 및 주거생활, 그리고 정치적·사회적으로 열악한 환경 속에 있는 한국에 처음으로 선교하러 온 개척 선교사들의 공과를 다시 한 번 확인하고자 한다. 즉 개척 선교사들은 한국선교사업보다 더 유리한 조건의 명예와 부라는 유혹도 물리치고 한국선교를 향한 용기와 사명감을 가지고 선교활동을 했다는 점과 아울러 그들이 서구 자본주의와 제국주의 침략의 주구라는 사실도 부인할 수 없는 양면성을 가지고 있다.

    그러나 개척 선교사들에 의한 한글 성경 번역은 민족의 지성에 철도를 건설하는 것과 같은 것이었으며, 성경을 민중계층에 접촉시키는 공로뿐만 아니라, 한국교회의 탄생과 성장에서 독보적으로 중요한 요인이 되었으며, 더 나아가 한글문화를 창출하는 데 크게 공헌했음을 주목할 수 있겠다.

    또한 개척 선교사들이 펼친 교육과 의료사업은 개항 이후 근대화를 지향하고자 한 한국사회의 시대적·역사적 요청에 부응하는 것으로 기독교가 성장하게 되는 중요한 요인이 되었다는 점을 지적하고자 한다.

개항 이후 한국개신교는 여러 방면에서 한국사회의 근대화에 지대한 공헌을 했다. 개항 이후 선각적인 지식인들은 사회주의 사상이 수입되기 전에 서구사상인 기독교를 가장 힘 있는 사상으로 인식했으며, 기독교를 통해서 근대민족국가수립을 위한 모색을 하고자 했다. 당시 개신교는 근대화된 변형의 이데올로기를 갖추고 있었고, 사회변동을 주도할 지도자들이 많았으며, 동원할 수 있는 인적·물적 시설자원들을 갖고 있었다. 따라서 개신교는 당시 비록 그 교세는 미약했지만, 사회발전에 크게 공헌할 수 있었다.

이는 당시 한국개신교가 사회적이고 역사적인 변혁의 요구 및 한국인의 개인적 욕구에 적극적으로 응답한 것이며, 이러한 역할은 3·1운동에서 정점을 이루게 됨을 알 수 있다. 이러한 점이 개신교가 급성장하게 된 요인이 될 수 있었다.

그러나 이러한 기독교의 역할은 3·1운동의 실패 이후 개신교의 보수화 및 시대적이고 역사적인 요청에 적극적으로 대처하지 못한 점으로 인해 사회주의 사상에 밀리게 되고, 정체되는 현상이 나타나 비판으로 이어지게 됨을 주목할 수 있겠다.

또한 한국인의 기질과 풍속 및 자발적 신앙심에 따라 개척 선교사들이 불모지 한국에서 활동하여 열매를 맺을 수 있는 명예로운 자리를 준비하며 개신교가 성장할 수 있는 바탕을 이루고 있음을 고찰하고자 한다. 즉 한국개신교의 수용과 성장에는 개척 선교사들의 역할뿐만 아니라, 한국인 스스로의 신앙심과 헌신 및 열정 또한 작용하고 있었음을 주목하고자 한다.

따라서 본 저서는 일제 강점기 개신교가 안고 있었던 문제점들을 그대로 답습하고 있는 오늘날 한국개신교가 초기 개척정신을 회복하여 쇠락해 가는 개신교의 역사적·사회적·신앙적 역할을 환기시키고, 제2의 종교개혁이 일어나는 각성을 일으키는데 미력이나마 힘을 보태고자 한다.

그동안 필자의 연구활동을 끝까지 지켜주시고 인도해주신 하나님께 깊은 감사와 영광을 돌리며, 필자의 영혼의 양식을 말씀으로 먹여주시는 영등포중앙교회와 성문밖교회의 목사님들께도 감사드린다.

또한 열악한 출판환경에도 불구하고 필자의 부족한 저서들을 계속 출판해주시는 선인출판사의 윤관백 사장님과 직원분들에게도 감사를 드린다. 새해에도 선인출판사의 무궁한 발전과 번영이 있기를 간절히 기도드린다.

아울러 그동안 필자가 출간하는 데 참고한 책들을 빌려주신 국립중앙도서관, 영등포평생학습관과 국회도서관 및 고려대학교 도서관에도 감사드린다. 이들 도서관이 아니었다면 필자가 연구를 할 수 없었을 뿐만 아니라 그 성과물을 출간할 수도 없었을 것이다.

2018년 1월
김행선

목차

머리말 11

제1장 개항 이후 한국개신교의 수용과 성장요인 ········· 21
제1절 한국의 상황 ··································· 23
제2절 한국개신교의 성장요인 ······················· 32
  1. 개신교의 수용과 성장 ·························· 32
  2. 개신교의 성장요인 ···························· 39
    (1) 한국인의 기질과 풍속 ····················· 39
    (2) 한글 성경 번역과 기독교 간행물의 출판 및 인쇄 ··· 45
    (3) 한국정부의 협조 및 의료와 교육사업 ········· 57
    (4) 해외선교지원과 한국인의 헌신 ··············· 82
    (5) 양대인(洋大人) 의식과 사회불안 및 국가위기 ····· 97
    (6) 현실적 욕구 및 근대화와 부국강병의 욕구 ····· 112

제2장 3·1운동과 기독교 ··································· 127
제1절 3·1운동의 발생 ······························· 129
제2절 3·1운동과 외국인 선교사 ····················· 146
제3절 진압 ·· 151

제3장 3·1운동 이후 기독교 비판 ·················· 159
제1절 1920년대 기독교의 주변상황 ·················· 161
제2절 기독교 비판 ·················· 165
  1. 이광수의 비판 ·················· 165
  2. 사회주의 진영의 비판 ·················· 169
   (1) 마르크스주의의 종교비판 ·················· 169
   (2) 일제 강점기 사회주의 세력의 기독교 비판 ·········· 175
  3. 무교회주의 진영의 비판 ·················· 191
   (1) 성공주의 비판 ·················· 191
   (2) 교역자들과 교파주의 비판 ·················· 195
   (3) 부흥회적 신앙 비판 ·················· 201
   (4) 기독교 사회운동 비판 ·················· 204

참고문헌 209
찾아보기 213

머리말

오늘날 한국사회는 북한 문제를 둘러싼 동북아 문제, 경제 불안과 양극화 현상 및 사회적 불평등의 심화, 고령화 문제, 정권 간의 이념적 갈등에 의한 정치적 혼란, 세계에서 가장 낮은 출산율과 가장 높은 자살율과 이혼율, 청년실업자 문제, 현대판 노예제로 불리는 비정규직 노동자들의 문제, 외국인 노동자들의 문제, 동성애자와 성적 소수자의 문제, 양심적 병역거부자, 장애인의 문제 및 사회적 약자와 소수자에 대한 인권문제 등 산적한 문제들이 놓여 있다.

특히 최근 우리 사회의 양극화는 거시경제, 산업, 기업, 노동, 지역, 소비, 의료, 주택, 심지어 교육과 문화 부문까지 사회의 전 부문에서 나타나고 있다. 이러한 전방위적 양극화 현상은 사회적 갈등을 유발하는 데 그치지 않고 지속가능한 경제성장을 불가능하게 하고 민주주의의 기반을 위협할 수 있다.[1]

심지어 교회에도 한국사회의 전반에 걸쳐 퍼져 있는 양극화 현상이 나타나 대형 교회와 작은 교회로 양극화되어 기독교의 지속가능한 성장을 가로막고 있다. 특히 대형화의 부정적 산물로 초래된 교회의 내적 부패현상 등은 교회의 생존마저 위협하는 현상이 되었다.

또한 교회와 교단의 막힌 담은 옛날 바리새인과 사두개인 사이의 장벽보다 높고 견고하다. 예수 그리스도는 막힌 담을 허셨지만 한국교회는 바벨탑보다 더 견고하게 담을 쌓았다. 그리하여 한국교회의 가장 큰 문제 중의 하나는 지독한 '배타주의'이다. 그동안 한국교회는 자본주의 논리에 의거하여 교세확장에 열을 올렸다. 그러한 폐해로 인해 교회는 경쟁을 일삼았고, 타 교회, 타 교단, 타 종교에 대해

---

[1] 최태욱 엮음, 『신자유주의 대안론』, 창비, 2009, 102쪽.

지나칠 정도로 배타적이다. 그리고 이러한 배타주의의 대표적인 첨단 무기는 바로 '교파주의'이다. 한국교회는 다른 교회를 배타하기 위해 사용하는 무기로 교파 또는 교단을 사용해 왔던 것이다. 그리하여 한국교회처럼 교파 간의 배타를 위한 극심하고 조직적인 '교파신봉주의'는 세계에서 찾아보기 힘들다고 한다.[2]

특히 한국교회나 교인들에게 믿음은 복 받기 위한 수단에 불과하다. 즉 돈 잘 벌고, 출세하고, 성공하고, 건강하고, 자녀 잘 됨 등의 수단으로 오직 믿는 것이다. 이는 무당굿과도 같은 기복신앙에 불과하다.[3] 또는 '오직 믿음으로만'을 전적으로 신봉하여 인간의 이성적 판단을 완전히 배제하는 비이성적 신앙으로 귀결되거나, 또는 믿음 지상주의에 빠져 행위와 실천을 도외시하는 부흥회적이고 근본주의적 신앙에 경도되어 있다.

즉 오늘날의 한국교회는 부와 재산의 축적이 곧 신의 축복이라고 해석하며 성장주의와 물질지상주의에 병들어 있다. 그래서 한국교회는 대형화와 물질적 부의 축적과 성공의 잣대로 신앙과 축복을 가늠하는 오류를 범하였다. 그러면서 산업화와 경제성장을 이끈 정부와 정치세력들의 독재, 반민주적 인권탄압, 부정부패, 근로대중의 착취와 생활고에 대해서는 축복받은 교회와 신도들이 무관심으로 외면하는 모습을 보였다.[4]

그리하여 오늘날 한국교회는 과거 기독교가 기여해왔던 사회를 향한 올바른 지도력이 약화되고, 세상 사람들은 더 이상 교회에 희

---

2) 조엘 박, 『맞아죽을 각오로 쓴 한국교회 비판』, 박스북스, 2008, 7쪽, 12쪽, 67쪽.
3) 이원규 목사 설교, 「종교개혁의 신앙적 의미」, 영등포 중앙교회, 2017.10.29.
4) 이삼열 외, 『한국사회발전과 기독교의 역할』, 한울, 2000, 4쪽.

망이나 기대를 걸지 않고 있다.

그 결과 열린 사고를 지닌 젊은이들로부터 갈 교회가 없다는 자조적인 한숨이 나오고 있다. 개신교에선 대형 교회들과 교단들의 반개혁적 폐쇄성이 젊은층의 '가나안' 성도화를 부채질하고 있다는 지적도 제기된다. '가나안' 성도란 '교회 안 나가'란 말을 뒤집어 그리스도인이지만 기성교회에 불만이 커 교회에 나가지 않는 이를 일컫는 신조어로 200만 명에 이를 것으로 추정된다.5)

그리하여 한국사회에서 가장 많이 버림받는 종교가 바로 개신교라고 한다. 56%의 무종교인이 지난날 개신교 신자였다는 것이다. 불교는 20%, 천주교는 18%에 불과하다. 불교나 천주교에 비해 개신교를 폐기처분한 사람은 거의 세 배가 된다는 뜻이다. 한마디로 한국개신교는 가장 인기 없는 종교로 전락하고만 듯하다.6)

그 결과 오늘날 한국교회는 제2의 종교개혁의 대상이 되어 버렸다. 이제 한국교회는 과거 초창기 한국개신교의 사회적 역할과 활동에서처럼 오늘날 한국사회가 당면한 제반 역사적이고 사회적인 문제들에 적극적으로 대응하여 변화를 시도해야 한다. 500년 전 마틴 루터의 종교개혁이 유럽사회에 대혁명을 가져와 근대사회로 나아가게 했던 것처럼 대변혁을 단행할 때가 되었다.

본 저서는 개항 이후 한국개신교가 서양의 개척 선교사들로부터 전파되어 급속도로 성장하게 된 요인이 바로 당시 한국사회나 한국인이 요구하던 시대적이고 역사적인 요청에 부응했기 때문이라고 생각하여 한국개신교의 수용과 성장에 대해서 고찰하고자 한다. 그

---

5) 『한겨레』 2017.9.26.
6) 한완상, 『예수 없는 예수교회』, 김영사, 2008, 135-136쪽.

리고 한국개신교가 3·1운동 이후 비판을 받게 되는 요인도 바로 시대적이고 역사적인 부름에 응답하지 못한 정체성과 보수성 때문이라고 보기 때문에 당시 여러 진영에서 가한 기독교 비판에 대해 검토하고자 한다.

이러한 연구는 오늘날 사회적 기대치에 부응하지 못하고 쇠락해가는 한국개신교에 대한 반성임과 동시에 개혁을 위한 모색의 차원에서 이루어진 것이다.

20세기의 한국사회와 역사를 개괄하며 종교의 역할을 밝히라면 단연 기독교의 영향력을 으뜸으로 꼽아야 할 것이다. 오랜 역사를 가진 불교나 유교와 달리 19세기 말에 정착된 기독교는 지난 1백여 년 동안 수천 명의 신도에서 1천2백만의 신도로 인구의 20%를 포괄하는 데 이르게 되었으며, 개화기와 일제 암흑기, 분단과 군사독재 시기 및 민주화시기를 거쳐 오는 동안 매우 중대한 역할과 과업을 담당했다. 개화기의 신문명이나 과학기술 교육, 근대화 의식을 확산시키는 데서나, 일제 강점기에 민족의식과 계몽운동을 일으키는 데서, 그리고 해방 이후 분단시대에 민주화와 인권 사회발전 등에 미친 영향력에서 볼 때, 20세기의 한국역사는 기독교의 역할과 영향을 제외하고는 논할 수 없을 정도로 기독교가 중대한 위치를 점했다.[7]

흔히 서구 지성인들이나 아시아의 학자들은 어떻게 한국에서 기독교가 급성장할 수 있었으며, 중요한 역사적 공헌을 할 수 있었는지를 질문한다. 사실 기독교 국가인 영국에 3백여 년간 식민지였던 인도에도 기독교인은 2-3%에 불과하며, 한국보다 선교의 역사가 앞

---

7) 이삼열 외, 앞의 책, 3쪽.

선 일본이나 중국도 1%에 못 미친다. 유교국가인 조선왕조로부터 탄압을 받고, 일제의 신사참배 강요, 북한의 공산정권으로부터 억압을 당해 온 한국의 기독교가 아시아에서 최대의 성장률과 공헌도를 보인 것은 세계 선교사상 유례를 찾기 어려운 일이었다.[8)]

이제 21세기를 맞이하여 과연 한국개신교가 21세기에도 과거 20세기만큼 한국사회와 역사의 발전에 기여할 수 있을 것인가에 대한 질문에 과거 19세기 말 수용된 한국개신교의 성장요인과 3·1운동에서의 공헌도 및 일제 강점기 기독교에 대한 비판 등을 검토하는데서 그 해답의 일부를 모색하는 데 본 저서의 연구목표가 있다.

신자유주의와 함께 정보화 시대, 4차 산업혁명 등 사회가 급속히 변화하는 상황 속에서 기독교 운동은 과거의 기독교 사회운동과 민족운동을 성찰하면서 새로운 사회운동을 전개해 나가야 할 것이다. 새로운 사회운동의 방향을 정하고 신자유주의를 배격하면서, 주변의 소수세력과 약자들을 중요시하고 체제 안과 밖을 모두 수용하여 일탈성 마저 허용하는 관대함을 보여야 한다. 독단과 아집, 근본주의적이며 배타적인 집착을 거부하고, 자연의 능력과 하나님의 창조의 질서를 중요시하며 인간 본연의 모습을 회복시키려는 노력으로 전환해야 한다. 그리하여 좋은 사람, 좋은 사회, 좋은 생활을 함께 이루는 생활공동체를 위한 자연과 인간의 회복운동을 전개해야 한다.[9)]

또한 앞으로의 기독교 복음과 신앙은 인간 내면의 변혁과 사회구조의 변혁을 함께 끌어안으려는 총체적 영성, 중층적인 억압의 현실을 뚫고 나가기 위한 공동체적인 영성이어야 한다. 아울러 민족분단

---

8) 위의 책, 3-4쪽.
9) 김병서, 「한국사회의 민주화와 기독교」, 이삼열 외, 앞의 책, 69-70쪽.

과 대결의 상황 속에서 전쟁을 피하고 분단을 극복하기 위해 기독교가 해야 할 역할을 더욱 모색해 나가야 할 것이다.

이에 본 저서는 정체되어가는 기독교의 정신과 그 본질을 회복하고, 한국 근현대 역사 속에서 그동안 개신교가 해 온 공과를 성찰하며, 그 사회적·역사적 책임을 다시 한 번 환기시키려는 데 연구목표가 있다.

본 저서는 민경배와 한국기독교역사연구소 및 김흥수가 펴낸 저서들 및 기존의 연구성과들을 기본적으로 참고하면서 개항 이후 한국에 들어온 초기 개척 선교사들이 펴낸 저서들을 참고했다. 미국 북장로교 선교사로서 한국에 와 평생을 보낸 언더우드는 『한국개신교수용사』를 저술한 바 있으며,10) 그 부인인 호튼은 남편 언더우드의 전기를 썼다.11) 그녀 역시 의료선교사로서 한국에 부임하여 제중원의 부인과를 책임 지게 되었다.

윌리엄 그리피스는 『은자의 나라 한국』의 저자로도 널리 알려진 인물인데, 한국 근대의 선구자 아펜젤러 선교사의 삶을 조명하는 아펜젤러 전기를 썼다.12) 『매티 노블의 조선회상』의 저자인 매티 윌콕스 노블은 선교사로 1892년 10월 22일 한국에 도착한 후 자신의 일생을 마무리 하던 1948년 9월까지 선교사로서, 어머니로서, 전도자로서, 교사로서의 삶을 하루하루의 일기에 담아 기록했다.13) 이는 선교사의 입장과 선교사가 바라본 한국을 세밀하고 담백하게 그려내

---

10) H.G. 언더우드(이광린 역), 『한국개신교수용사』, 일조각, 1997.
11) L.H.언더우드(이만열 옮김), 『언더우드』, 기독교문사, 1999.
12) 윌리엄 그리피스(이만열 옮김), 『아펜젤러』, 한국기독학생회출판부, 2015.
13) 매티 윌콕스 노블(손현선 옮김), 『매티 노블의 조선회상』, 좋은 씨앗, 2010.

고 있어서 선교적인 측면뿐 아니라, 한국의 근대사를 객관적으로 이해할 수 있는 매우 가치 있는 기록이다.

게일은 캐나다 사람으로 토론토 대학에 진학하여 신학을 공부했는데, 당시 선풍적인 명성을 떨치던 부흥 전도사 무디에게서 깊은 감명을 받고 선교사업에 투신할 것을 결심한 결과 1888년 12월 15일 부산에 상륙했다. 그는 『전환기의 조선』이라는 책을 저술하여 한국의 상황과 신앙 및 풍습, 선교활동, 한국의 미래 등에 관해 밝히고 있다.[14]

또한 제이콥 로버트 무스는 감리교회 선교사로서 한국에서 25년간 활동을 했으며, 그 경험을 토대로 1909년에 『1900, 조선에 살다』라는 저서를 출간했다.[15]

이들 선교사들의 저서는 초창기 한국개신교의 수용과정과 성장요인 및 당시 한국의 상황을 잘 드러내고 있다는 점에서 역사적 사료로서의 중요한 가치를 지닌다.

이밖에도 폴로 신학교에서 박사학위를 취득한 재미신학자이자 목사이며 한국 여성인 캐서린 안이 지은 『조선의 어둠을 밝힌 여성들』이란 저서를 참고했다. 이는 은자의 나라인 한국에 처음 파송된 미국인 여성 선교사들의 이야기를 1884년부터 한국에서 대부흥이 일어나며 선교개척기가 끝이 나는 1907년까지 다룬 것이다. 이로써 한국개신교의 개척 선교상황 및 한국에 남긴 종교적·사회적 영향을 잘 드러내고 있다.[16] 또한 기독교 비판을 고찰하기 위해 사회주의 진영의

---

14) J.S. 게일(신복룡 역주), 『전환기의 조선』, 집문당, 1999.
15) 제이콥 로버트 무스(문무홍 외 옮김), 『1900, 조선에 살다』, 푸른역사, 2008.
16) 캐서린 안(김성웅 옮김), 『조선의 어둠을 밝힌 여성들』, 포이에마, 2012.

반기독교운동에 관련된 저서나 논문 및 김교신 전집과 『성서조선』을 참고했다. 일제 강점기 기성교회나 기독교에 대한 비판은 오늘날 기독교 비판의 원형이 된다는 점에서 많은 의미를 지니고 있다.

제1장
개항 이후 한국개신교의 수용과 성장요인

제1절 한국의 상황

한국에 선교사들이 들어오기 전 한국에 관한 이야기들은 무시무시한 것이었다. 로마 천주교 신자에 대한 박해라든가, 한국인의 야만성이라든가, 한 그루의 나무도 없고 지저귀는 새도 없으며, 한 포기의 꽃도 없다는 것에 대해, 그리고 서울에서 일어난 무시무시한 폭동(갑신정변) 때는 일단의 혁명가들과 일본인들이 간신히 항구로 도망쳐 나와 목숨을 건졌다는 근거 없는 이야기 등이었다.[1]

특히 로마 가톨릭교회의 한국인, 중국인 및 외국인 성직자 중 많은 수가 고문당하고 죽음을 당했으며, 외래종교를 믿는다는 것에 대해 공포의 기운이 감돌고 있었다. 한국인들은 아직도 베르뉘 주교와 여덟 명의 성직자가 참수형을 당한 한강변의 처형장을 기억하고 있다. 수천여 명의 가톨릭 신자가 학살당했다. 예수와 마리아는 죽음을 부르는 이름이었다.[2]

또한 3대 강국이 한국에 접근했으나 쇄국의 벽은 여전했고, 1880년대까지도 외국의 국명이 하나도 알려져 있지 않았다. 1889년 게일이라는 선교사는 황해도의 관리를 만나 대화를 했는데, 그가 미국 또는 영국이라는 이름을 알지 못한 채 단지 서방세계는 '양국(洋國)'이라는 한 나라로 알고 있었으며, 중국을 큰 나라라는 '대국'으로, 일본을 경멸적인 난쟁이 섬으로서 '왜국'으로 알고 있었다. 그는 지구를 여전히 평평한 것으로 생각하고, 가운데 있는 것은 모두 중국이고 동쪽 끝에 한국이 있는 것으로 생각하고 있었다. 모든 이방종족

---
1) L.H.언더우드(이만열 옮김), 『언더우드』, 기독교문사, 1999, 50쪽.
2) J.S. 게일(신복룡 역주), 『전환기의 조선』, 집문당, 1999, 124쪽, 127쪽.

은 야만인이고, 한국은 그 누구와도 교류를 원하지 않는다는 것이었다. 이처럼 한국은 굳게 닫혀 접근이 금지되어 있었다.3)

한국이 1882년 미국에 문호를 개방하고, 알렌 의사부부가 1884년 9월에 최초로 한국에 도착했을 당시의 상황을 선교부에 보고한 내용을 보면 다음과 같다.4)

> "알렌 부부는 작년 11월에 도착했는데 너무나 많은 의심과 반대에 부딪쳐서, 만일 미국 공사가 그를 공사관 의사로 임명하지 않았다면 한국에 있기가 어려웠을 것이다. 처음에는 한국인과의 친밀한 교제가 이루어지지 않았다. 양식으로 지어진 집은 한 채도 없었고, 위생 상태는 말로 표현할 수 없을 정도로 저조했으며, 미국인이 손쉽게 이용할 수 있는 시설물은 알려진 것이 없었고, 우편물도 자주 배달되는 편이 아니었다. 따라서 초기의 개척 선교사들은 아주 심한 고독과 격리와 시련의 상황 속에 처해 있었다."

길은 대부분 협소했고, 우기만 되면 때때로 말의 배에 두른 안장까지 흙투성이가 되어버리는 실정이어서 통행이 불가능했다. 또한 장마철에 한국 가옥은 물에 잠기고 비가 새는 일이 흔했고, 이 때문에 선교사들은 자주 병에 걸렸다.5)

개천에는 썩은 시궁창 물이 흐르고, 작은 초가집이나 기와집들이 있었으며, 넓은 마당이 있는 양반의 저택, 그리고 궁궐이 있었다.

---

3) 위의 책, 102-103쪽.
4) L.H.언더우드(이만열 옮김), 앞의 책, 50-51쪽.
5) L.H.언더우드(이만열 옮김), 위의 책, 51쪽; 캐서린 안(김성웅 옮김), 『조선의 어둠을 밝힌 여성들』, 포이에마, 2012, 152쪽.

수 년 동안 대부분의 선교사들은 진흙으로 지어진 집에서 살았는데, 지하실도 없었고 창문에는 창호지를 발랐을 뿐이었다. 가끔 호랑이와 표범이 성 내에 나타나기도 하고, 방충망이 없어서 모기와 파리 떼에 시달리기도 했다. 천연두와 이질, 설사병과 장티푸스, 발진티푸스가 자주 발생하였고, 그러한 질병들은 여러 외국인의 목숨을 앗아갔다.[6)]

한국에 도착한 여성 선교사들은 제물포에서 서울까지 나귀나 가마를 타고 8-9시간 걸리는 길을 여행했다. 이들 중에는 서울에 도착해서 사흘이나 몸져 누웠다고 회상하기도 했다. 선교사들은 1900년경 제물포와 서울 사이에 철로가 놓이기 전까지 20년간 나귀와 가마를 타고 이 길을 지났다. 이처럼 교통이 불편하다보니 통신과 여행이 필수적이었던 선교사들로서는 어려움이 많았다.[7)]

기후는 일 년 내내 매우 좋은 편이었으나, 여름 날씨는 사람을 짜증스럽게 하고 피로하게 만들었다. 장마 기간 동안의 습기를 동반한 더위 때문에 아주 건강한 사람도 활력을 잃게 되었으며, 특히 서울이나 평양·대구에서 한여름을 보낸 사람들에게서는 무기력하고 피로한 기색이 역력히 나타났고, 몸이 약한 사람은 죽기까지 했다.[8)]

또한 하루 종일 온돌방에 앉아 있는 것은 참으로 고역이었다. 몇몇 사람들에게는 그것은 고문이었고, 무릎과 엉덩이뼈 그리고 발목뼈가 끊어질 듯한 아픔을 느꼈다. 한국의 온돌방에서 잠자는 것은 빵을 굽는 것을 체험하는 것과 같이 고통스러운 것이었다. 음식 역

---

6) L.H.언더우드(이만열 옮김), 위의 책, 51쪽.
7) 캐서린 안(김성웅 옮김), 앞의 책, 92-94쪽, 135쪽.
8) L.H.언더우드(이만열 옮김), 앞의 책, 51-52쪽.

시 과일, 오트밀, 베이컨, 달걀, 한 잔의 커피 대신에 조반으로 쌀밥과 소금에 절인 배추와 무, 구운 생선 한 조각, 고추장과 그 밖의 것을 먹어야 했다. 고기는 아주 특별한 때가 아니면 상에 오르지 않았다. 무엇보다 한국에는 우유나 유제품이 없었다. 이것은 신생아나 어린아이들에게 특히 문제가 되었다. 유제품과 고기로부터 풍부한 단백질을 섭취하며 자란 서구 선교사들에게 한국은 살기 힘든 곳이었다. 그리하여 많은 선교사들은 한국에 오래 살아도 음식에 적응을 하지 못했다.[9]

위생은 크나큰 염려거리였다. 선교사들은 한국 전역이 위생취약지대라는 걸 알고 경계했다. 한국인들은 세균이라는 게 있다는 것을 알지 못했다. 가정에서 생활하수로 흘려보내는 도랑과 하수구로 거리가 아주 지저분했다. 덮개조차 없는 하수구에 파리와 모기떼가 몰려들었다. 세균과 질병이 퍼지는 것이 당연했다. 가장 큰 문제는 오염된 물이었다. 우물은 마을에서 나오는 구정물이 흘러내려가는 좁은 물길 바로 옆에 있는 경우가 많았다. 상수원이 오염되는 건 당연했다. 그 결과 장염, 발진열, 말라리아, 천연두가 만연했다.[10]

특히 한국인들은 온갖 종류의 미신을 믿고 있었다. 무당들이 집안일에 깊이 관여하여, 생일을 맞았을 때나 병들었을 때 그리고 중요한 결정을 내려야 할 때 사람들은 무당을 불렀다. 무당들은 절대적이고도 불가항력적인 힘을 가지고, 백성들뿐만 아니라 통치자들에게까지도 영향력을 행사하였다. 그래서 귀신, 도깨비, 조상의 혼 등 눈에 보

---

9) J.S. 게일(신복룡 역주), 앞의 책, 128-129쪽; 캐서린 안(김성웅 옮김), 앞의 책, 132-133쪽.
10) 캐서린 안, 위의 책, 133쪽.

이지 않는 두려운 것들에 대한 미신이 하층민들이나 여자들뿐 아니라 가장 높은 신분을 지닌 사람들의 마음속에도 가득 차 있었다.11)

이러한 열악한 상황 속에 처한 한국에 선교를 하러 온다는 것은 정말 용기와 사명감 없이는 되지 않았다.

게다가 한국에 온 선교사들 중에는 건강악화로 인해 중도에 포기하거나 한국 선교사업보다 더 유리한 조건의 명예와 부라는 유혹을 받은 사람도 있었으나 그들은 그것을 물리치고 사명감으로 한국 선교사업을 계속했다.12)

한편 개항 이후 한국개신교는 기존에 있던 천주교와 갈등을 빚고 있었다. 개신교는 천주교가 순교의 피를 뿌리며 심어 놓은 기틀 위에서 선교를 시작했지만, 천주교와 개신교 관계는 서로 별개의 조직체로 간주하며 대립관계에 있었다. 개신교가 점차 한국에서 정착되어 가자 하나의 선교의 장, 다시 말해 선교의 먹이를 놓고 각각 선교활동을 전개해야 했던 신교와 구교 사이에는 자연히 선교지역의 확보 경쟁이 발생하여 상호 견제 내지는 대립의 관계로 발전하게 되었다. 선교 지역의 확보 쟁탈이라는 대립은 폭력적 행동으로 나아가기까지 했다.

1888년 4월 전도 금지령이 발포되는가 하면, 더 나아가 사회적으로도 개신교를 받아들일 수 없는 분위기였기 때문에 여기저기서 개신교를 기피하는 유언비어가 속출했다. 그 일례로 1888년 여름에는 이른바 '어린이 소동'이란 것이 터져 외국인들이 어린아이들을 잡아다가 눈알을 빼어 이를 약으로 쓰기도 하며, 육식으로 먹는다는 끔

---

11) L.H.언더우드(이만열 옮김), 앞의 책, 51쪽.
12) 위의 책, 125쪽.

찍한 유언비어가 퍼져 선교에 큰 위협을 주었다. 이 때문에 선교사들과 상종하던 관원 9명이 처형받기도 했다.[13]

또한 보부상의 두목 길영수가 서울에서 독립협회를 위협, 탄압하는 과정에서 그 주도 인물인 윤치호와 남궁억 등 기독교인들을 학살하려는 난동을 부렸고, 심지어 정동예배당까지 훼파(毁破)하려는 패악스러운 거사에 나서기도 했다. 서울에서 전차 부설이 한창일 때 경무사 김영준과 내장원경 이용익이 기독교를 박멸하고 서양 선교사와 교인들을 학살할 계획을 세우기도 했다.[14]

이러한 개신교 탄압에 대해 당시 개신교에서는 이 같은 탄압의 근원이 천주교에 있다고 생각하여 개신교가 천주교와는 다르다는 사실을 강조했으며, 알렌이 한불조약의 체결에서 종교 자유의 특권을 획득하려는 눈치를 보이자 고종에게 로마 가톨릭교회의 접근을 경계하라고 진언하기도 했다.[15]

따라서 개신교의 이러한 태도는 천주교와 문서논쟁을 전개하는 것으로까지 비화되었으며, 이로써 신구교 간의 대립은 더욱 격화되었다. 즉 상대방의 교리를 비난하는 문서와 책자를 발간하여 이를 배포하는 한편, 자신들의 교육용 교재 등으로 사용함으로써 새로운 갈등관계를 유발시켰던 것이다.

이 문서논쟁은 개신교 측에서 먼저 포문을 열었다. 1908년 개신교 측은 『예수천주양교(兩敎)변론』 등을 발간하여 천주교 측의 교리가 비성서적이라고 비난했다. 그 구체적인 내용은 천주교의 교황권, 우

---

13) 민경배, 『한국기독교회사』, 연세대학교 대학출판문화원, 2017, 187쪽.
14) 위의 책, 188-189쪽.
15) 위의 책, 190쪽.

상승배, 특히 마리아 예배, 성만찬, 인간 사제의 죄 속량권, 남자로서 환관이 아닌 신부에게 부녀자들이 가서 죄를 고백하는 몰염치 등을 상소했다.16)

특히 천주교의 고해성사 부분에 대해 다음과 같이 비난했다.17)

> "천주교회에서는 신부 앞에서 죄를 고하고 사유하여 주기를 간구하는 것이 옳다 하니 이것을 일러 고해법이라. 신부가 교인을 데리고 함께 은밀한 방 속에 들어가 교우에게 명하여 네가 평생에 지은 죄…자세히 고하되…이것은 비유컨대 칼날을 거꾸로 잡고 칼자루는 신부에게 줌이라."

이에 천주교 측에서는 역시 『양교명증(兩教明證)문답』 등을 발간하여 천주교 교리의 정당성과 오히려 개신교 측의 주장이 비성서적이라고 주장했다. 먼저 개신교 측의 '믿음으로만 구원을 받을 수 있다'는 비현실적 신앙뿐만 아니라, 개신교의 분파성을 지적했다. 더 나아가 개신교에 대해 적의를 품고 개신교 교인들에 대해 박해를 가하기도 했다. 이에 윤치호는 이들 천주교인들의 불법과 만행에 분격해서 이들을 '사회의 찌꺼기'라고 단죄하는 일도 있었다.18)

특히 개신교 선교사들의 경우 대부분 20대 초반의 청년들로서 한국이 해외선교의 첫 임지였다. 이들은 타 종파를 수렴할만한 자세를 갖추고 있지 못하는 혈기방자한 구석이 있었다. 그리하여 알렌도

---

16) 민경배, 위의 책, 2017, 190쪽; 한국기독교역사연구소, 『한국기독교의 역사』 1, 기독교문사, 1999, 236쪽.
17) 윤경로, 『한국근대사의 기독교사적 이해』, 역민사, 1992, 89쪽.
18) 민경배, 앞의 책, 2017, 191-192쪽.

당시 개신교 선교사들의 성격을 이렇게 회고했다.[19]

> "선교사들은 대체로 신출내기 애송이들이다. 그들은 자기와 뜻을 달리하는 사람들에게 자비스러운 감정을 느끼기에는 아직 젊고 경험이 부족했다."

이 같은 신구교 간의 싸움은 5-6년 동안 지속되었으며 러일전쟁 이후 진정되었다.[20]

한편 한국인들은 자존심이 강하여 좀처럼 외래종교를 받아들이지 못했다. 이 점에 대해 헐버트는 그의 저서인 『대한제국멸망사』에서 한국인은 자존심이 매우 강한 민족이라고 하면서 다음과 같이 일례를 지적한 바 있다.[21]

> "한국인들은 이런 식으로 말한다. 나는 한국 사람이란 말이요. 한국인은 눈도 없나요? 한국인은 손도, 오장도, 몸도, 눈치도, 감정도, 정열도 없나요? 한국인들은 서양인들과 달라서 먹지도 않고, 다치지도 않고, 병도 앓지 않고, 약을 써도 낫지 않고, 여름에는 더운 줄도 모르고 겨울에는 추운 줄도 모르나요? 우리는 찔러도 피도 안 나오고, 웃겨도 웃지 않나요? 우리는 독을 먹어도 죽지 않나요? 만약 당신들이 우리를 해치면 복수를 해서는 안 되나요?"

이처럼 한국에 선교를 하러 온 개척 선교사들은 식생활 및 주거

---

19) 윤경로, 앞의 책, 101쪽.
20) 유홍렬, 『한국천주교회사』 하, 가톨릭출판사, 1998, 339쪽.
21) H.B. 헐버트(신복룡 역주), 『대한제국멸망사』, 집문당, 1999, 53쪽.

생활 그리고 사회환경 등 아주 열악한 환경 속에서 살아야 했다. 그러나 이러한 악 조건들 속에서도 한국 내에서 개신교의 성장은 놀라웠다. 그 이유를 살펴보면 다음과 같다.

제2절 한국개신교의 성장요인

1. 개신교의 수용과 성장

1884년 9월 20일 미국 북장로회가 파송한 의료선교사 알렌이 제물포에 상륙함으로써 선교의 첫 발을 디디었다. 그는 1858년 4월 23일 미국 오하이오주 델라워에서 출생하여 1881년 웨슬레언대학을 졸업하고 이학사의 학위를 받았으며, 1883년 마이아미 의과대학에서 학사학위를 받았다. 그는 중국 선교사로 임명받아 1883년 10월 중국 상하이에 부임하여 있다가 당시 북장로교 선교부 임원의 한 사람이었던 엘린우드의 결단에 의해 선교임지를 바꾸어 한국 땅에 오른 최초의 의료선교사가 되었다.[22]

이후 각 파 선교사들이 속속 입국했다. 미국 북장로교회 선교사 언더우드는 1885년 4월 5일 부활주일 아침 제물포에 상륙하여 곧바로 서울로 올라왔다. 그리고 그와 동시에 미국 북감리교회 선교사 아펜젤러는 언더우드 목사와 함께 제물포에 상륙했으나 부인을 동반하고 왔다가 부인들의 상경을 삼가라는 통보를 받고 일본에 되돌아갔다가 6개월 뒤에 다시 내한했다. 그 해 5월 3일 아펜젤러 목사와 함께 일본에 와 있던 스크랜턴 목사가 내한했으며, 그는 감리교 병원을 설립했다. 그의 어머니와 아내도 그 뒤에 입국하여 이화여학당을 설립했다.[23]

---

22) 채기은,『한국교회사』, 기독교문서선교회, 1997, 41쪽; 한국기독교역사연구소,『한국기독교의 역사』1, 177쪽.
23) 채기은, 위의 책, 49쪽.

그 뒤로 오스트레일리아 장로교회 선교사 데비스 목사 남매가 1889년 10월에 내한하여 선교하다가 데비스 목사는 마마병에 걸려 별세하였으며, 그 뒤 호주교회는 메카이 목사 부처와 3독신 여선교사도 파송하여 부산 초량에 정착시켰다.24)

영국 성공회는 1889년 웨스트민스터 사원에서 한국 선교사 임명식을 거행했다. 선교사로 임명받은 이는 코르페 신부인데, 그는 군목출신으로 한국 감독에 임명되어 1890년 9월 30일 서울에 도착했다. 캐나다 침례교회의 펜윅크는 개인 자격으로 1889년 12월 8일 내한하였으며, 또 다른 침례회 선교사 파울링과 스테드완 부처 등은 충청도에서 선교하다가 지쳐서 펜윅크에게 선교사업을 맡기었다.25)

미국 남장로교회 선교사 레이놀드 목사가 1892년 10월 18일 서울에 도착했다. 그는 이듬해부터 전라도를 선교지역으로 삼아 선교하여 교회설립, 병원설립, 학교설립에 주력했다. 캐나다 장로교회의 공식 선교사 그리슨, 푸트(W.R.Foote) 목사 부부와 맥레이(D.W.McRae) 목사 등 5인이 파송되어 원산에 자리 잡고 선교했다. 미국 남감리교회 중국 선교사 헨드릭스 감독과 리이드(C.F.Reid)박사는 윤치호의 요청에 의해 1895년 10월 서울에 와서 지방을 시찰하고 선교에 착수하게 되었다.26)

이밖에도 1899년에 헬라 정교회, 1904년에 안식교회, 1907년에 성결교회, 1908년에 구세군 선교회들이 각각 입국하여 선교에 착수했다.27)

---

24) 위의 책, 49쪽.
25) 위의 책, 49-50쪽.
26) 위의 책, 50쪽.
27) 위의 책, 50쪽.

이처럼 세계 각처의 선교사들이 내한하여 각 지역에서 선교활동을 시작했다. 이러한 선교사들의 활동과 함께 한국 내에서 첫 개신교 세례자는 1886년 7월 18일에 노도사로도 알려진 노춘경이었다. 그리고 1887년 9월과 10월 사이에 장로교의 경우 언더우드가 서울 정동 사택에서 예배를 드리면서 시작되었으며, 1887년 9월 27일 14명의 자발적인 세례교인으로 구성된 한국 최초의 개신교 교회로 새문안교회가 창설되었다. 감리교의 아펜젤러 역시 정동 사저에서 예배를 드리기 시작했으며, 1885년 8월 3일에 세운 배제학당에서 학생들을 상대로 종교행사를 하였으나, 1887년 9월 전적으로 예배만을 볼 수 있는 교회용 건물을 구입해 이를 수리하고 교회이름을 베델예학당이라 했다.

한국선교 초창기에 서상륜이라는 사람은 만주에서 선교사인 로스와 매킨타이어로부터 기독교에 대해 배운 뒤, 몇 권의 책과 복음의 메시지를 들고 황해도의 소래마을로 돌아왔다. 그리고는 1886년 서울로 와서 언더우드에게 자기 마을에 와서 '믿을 마음을 먹은' 사람들에게 세례를 베풀어달라고 청했다. 이 마을의 세 사람이 1887년 9월 세례를 받았으며, 같은 해 11월 언더우드는 이 소래에서의 부름에 응답하여 처음으로 지방여행을 떠났다. 그는 말을 타고 떠났지만 상당 부분 걷기도 하였는데, 이로써 그는 조금이라도 서울 바깥의 내륙을 여행한 최초의 외국인이 되었다. 이 여행은 이후 내륙 사람들에게 복음을 전파하는 데 아주 좋은 수단으로 사용되어 전국 순회여행의 시초가 되었다.[28]

---

28) L.H.언더우드(이만열 옮김), 앞의 책, 73-74쪽.

1887년 9월 언더우드의 집에 있는 제단 주위에 둘러앉은 사람들은 일곱 명이었으며, 그 이후 매 해 신도 수는 꾸준히 늘어났다. 1884년 이후 한국에 들어와 있던 개신교 선교사들은 1890년대부터 본격적인 활동을 전개해 갔다. 그 결과 1899-1900년 사이에 교인의 수가 상당히 증가되었다.29)

비치 박사가 쓴 『개신교 선교 지리부도』에 의하면 1900년 말 현재 부인을 포함한 모든 개신교 선교사는 141명이며, 예배당은 26개소, 예배 지소는 345개소, 신자 수는 8,288명이다.30) 그리고 또 다른 통계에 의하면 장로교의 경우 10개 도시의 통계만 보면 교적에 등록한 입교인 3,946명에 교회 출석하는 사람 14,509명으로 나타나 있고, 감리교의 경우는 4,000명에 육박하고 있었으며, 1900년까지 10년 동안 개신교는 급격한 발전을 이루어 1907년에는 천주교 신도수를 능가하게 되었다.31)

1905년 선천교회에는 6,507명의 신자가 있었다. 1906년에는 신자가 1만 1,943명으로 증가했다. 1년 동안에 무려 5,436명의 신자가 증가했으니 매달 평균 453명이 입교한 셈이다. 한국에는 15명의 내국인 전도사들이 있었는데, 그들은 선교사업에 자신의 모든 시간을 쓰며, 토착교회로부터 지원을 받았다. 그들은 자원선교와 특별한 복음주의적 헌신에 수많은 날들을 서약하는데, 이 날짜 수가 총 8,000일이 넘는다. 이들의 헌신으로 인해 1년 동안에 세례를 받은 사람은 1,164명으로, 월 평균으로 계산하면 100명 정도이며, 매 주일마다 평

---

29) L.H.언더우드(이만열 옮김), 앞의 책, 72쪽; 이만열 외, 『한국기독교와 민족운동』, 종로서적, 1992, 16쪽.
30) J.S. 게일(신복룡 역주), 앞의 책, 170쪽.
31) 문규현, 『한국천주교사』 1, 빛두레, 1994, 34쪽.

균 22명 정도가 세례를 받은 셈이다.[32)]

1912년의 한국 선교 상황에 대해서 한국을 방문하고 뉴욕으로 막 돌아온 인디펜던트지의 편집자 해밀턴 홀트의 말에서 보면 다음과 같다.[33)]

> "기독교는 만개하고 있으며, 한국에는 현재 약 205명의 외국인 선교사들이 있는데, 그들 대부분은 미국의 장로교인과 감리교인이다. 또한 한국에는 807개의 교회와 신앙을 고백하는 20만 명의 그리스도인이 있다. 교회에는 외국 선교사들뿐 아니라 약 4백 명의 한국인 목사가 있다. 이들 역시 350개 학교에서 1만 5천 명의 한국 소년·소녀들을 가르치며 15개의 병원에서 봉사한다."

이상과 같이 당시 1910년 이전에 한국에 진출한 해외선교단체들에 의한 선교개척을 보면 다음과 같다. 앞서 언급한 바와 같이 장로교의 경우 미국의 남·북장로회와 캐나다장로회, 오스트레일리아장로회 등 4개 선교부에서, 감리교의 경우는 미국의 남·북감리회의 2개 선교부에서 한국선교를 추진했으며, 영국성공회도 일찍이 한국선교에 착수했다. 그리고 또 다른 영국 계통의 교회로 구세군이 1908년 한국선교에 착수하게 된다. 1895년에 미국 침례교회 계통의 선교단체에서도 선교사를 파견했으며, 1898년에는 동방교회의 전통인 러시아정교회의 한국 진출이 시작되었다. 1904년에는 안식교가 한국인들에 의해 유입되었으며, 1907년에는 오늘날 성결교회의 모체인 동양선교회의 한국선교가 시작되었다. 여기에다 일본교회의 한국

---

32) J.S. 게일(신복룡 역주), 앞의 책, 148쪽.
33) 윌리엄 그리피스(이만열 옮김), 『아펜젤러』, 한국기독학생회출판부, 2015, 239쪽, 306쪽.

전도도 한일합방을 전후하여 본격적으로 추진되었다.[34]

한국 8도의 인구 및 선교사의 분포를 보면 다음 〈표 1〉과 같다.[35]

〈표 1〉 한국 8도의 인구 및 선교사의 분포

도	인구	선교사	각자의 책임담당자수
전라북도	597,393	20	30,000
전라남도	850,635	12	70,000
충청북도	491,717	7	70,000
충청남도	649,756	8	81,000
함경북도	390,055	3	133,000
함경남도	582,463	23	25,000
강원도	627,832	2	313,000
경기도	869,020	82	10,000
경상북도	1,062,991	13	82,000
경상남도	1,270,214	16	79,000
평안북도	600,119	16	37,000
평안남도	689,017	37	18,600
황해도	901,099	8	112,000

한국의 개신교 통계를 보면 다음 〈표 2〉와 같다.[36]

위의 표들에 나타난 바에 따르면 선교사가 가장 많이 파견된 지역은 경기도였고, 이어서 평안남도, 함경남도, 전라북도 순으로 많았으며, 가장 적게 파견된 곳은 강원도였다. 그리고 당시 한국에 파견된 선교회는 미국 선교회가 압도적으로 많았으며, 그중에서도 미장로

---

34) 한국기독교역사연구소, 『한국기독교의 역사』 1, 190-192쪽.
35) J.S. 게일(신복룡 역주), 앞의 책, 1999, 193쪽.
36) 위의 책, 193-194쪽.

〈표 2〉 한국의 개신교 통계

선교회의 명칭		미국 선교회									영국 선교회				총계 11개 선교회
		미국 성서 공회	감리교 해외 선교국	미장로교 해외 선교국	남감리교 선교국	미장로교 해외선교 집행 위원회	북미 기독교 청년외 해외부	캐나다 장로교 해외 선교 위원회	남감리교 여성 해외 선교국	합계	영국 및 해외 성서 교회	호주 장로교 해외선교 위원회	해외 지부 복음 전도회	합계	
통계연도		1907	1908	1908	1907-08	1906-07	1909	1907	1908-09		1908	1908	1907		—
입국연도		1882	1885	1884	1895	1896	1901	1898	1897		1885	1889	1896		—
해외선교사(의사 포함)	성직자	1	21	30	11	9	3	6	—	81	2	3	4	9	90
	비 성직자	—	2	1	5	4	—	—	—	12	—	—	3	3	15
	선교사 부인	—	18	37	12	9	—	4	—	80	2	3	—	5	85
	기타 여성 선교사	—	21	10	—	4	—	4	11	50	—	5	3	8	58
	조선인 집사	16	282	37	72	75	—	42	10	1,334	85	30	—	115	1,449
거주지	선교사 주거지	—	7	8	4	4	—	4	3	30	—	2	5	7	37
	출장소 또는 지소	—	19	809	—	140	—	56	—	1,024	—	—	125	125	1,149
평신도	세례 교인	—	24,246	19,654	3,545	1,052	—	814	—	49,310	—	385	394	779	50,089
	비세례 교인	—	19,820	73,844	2,536	8,410	—	194	—	104,804	—	3,219	3,219	6,575	111,379
교육	주일 학교 (학생수)	—	167 (14,41)	798 (61,45)	45 (3,049)	22 (1,390)	—	45 (3,034)	—	1,077 (8,344)	—	6(500)	—	6 (500)	1,083 (83,844)
	매일 학교 (학생수)	—	144 (4,407)	457 (11,48	0)	3 (82)	18 (381)	17 (305)	4 (150)	643 (16,805)	—	8 (200)	3 (31)	11 (231)	654 (17,036)
	고등 교육 기관 (학생수)	—	5 (545)	9 (763)	1 (225)	(6)	—	—	—	15 (1,539)	—	—	1 (32)	1 (32)	161 (1,571)
	실업 학교 (학생수)	—	—	—	1	—	—	—	1(20)	2 (20)	—	—	—	—	2(20)
의료	외국인 의사 (남 · 녀)	—	(4 · 4)	(8 · 4)	(5 · 0)	(4 · 2)	—	(1 · 1)	—	(22 · 11)	—	(1 · 0)	—	—	(23 · 11)
	병원 또는 진료소	—	4	12	3	—	—	1	2	22	—	1	—	—	23
	환자수	—	17,007	47,664	2,000	—	—	300	—	66,971	——	—	—	—	66,971

교회와 미감리교회가 주도하고 있음을 알 수 있다. 또한 조사한 통계연도는 1906년에서 1909년 사이로 개신교가 급성장하는 시기임을 나타내고 있다.

한국 선교의 틀을 다진 25년간 사역에 앞장 선 이들도 대부분 미국인 선교사들이었다.37)

2. 개신교의 성장요인

(1) 한국인의 기질과 풍속

이처럼 기독교가 급성장하게 된 이유를 살펴보면 다음과 같다. 우선 한국은 그들과 인접하고 있는 지역과 인구에 비교해서 작기 때문에 선교의 특별한 부분을 담당하기에 비교적 적합했다. 즉 한국의 면적은 겨우 8만 평방마일이다. 산동성만으로도 면적이 5만 3,762평방마일이고 인구는 3,624만 7,000명으로서 면적은 한국의 반을 약간 넘는데, 인구는 그의 3배나 된다.38) 따라서 한국은 이런 작은 면적과 인구를 가졌기 때문에 기독교를 수용하는 데에 용이할 수 있었다.

또한 기독교가 한국인의 기질에 적합한 종교라고 지적되었다. 헐버트가 분석하기를 서양의 기독교가 한국인의 기질에 매우 알맞은 종교였다고 주장했다. 즉 한국인은 일본인들의 이상주의적이며, 중국인의 실리적인 기질의 중간 성격을 지닌 매우 합리적인 이상주의 기질을 갖고 있다고 파악했다. 따라서 기독교가 그토록 빠르게 한국

---
37) 캐서린 안, 앞의 책, 30쪽.
38) J.S. 게일(신복룡 역주), 앞의 책, 104쪽.

인에게 흡수될 수 있었던 것은 어느 면에서 볼 때에 기독교 자체가 인간에 있어서의 모든 허식을 떼어 버림으로써 종교 중에서 가장 합리적이고도 신비한 것이었기 때문에 합리적이고 감정적인 기질의 한국인에게 가장 적합한 종교였다는 것이다.[39)]

심지어 헐버트는 한국인이 서양인과 매우 비슷하여 서양인들은 한국사회에서 이질성을 느끼지 않게 되어 한국인이라는 생각을 잊어버리게 된다고 했다. 그리하여 개신교 선교사들에 의한 기독교의 감화는 한국인들에게 쉽게 수용되었으며, 10년 동안 교회와 교회 계통의 학교가 전국 방방곡곡에 세워졌고, 부분적으로나마 성서가 출판되어 보급되고, 기독교 문서들이 출간되고, 여러 활동분야에서 전국적인 기독교화 사업을 위한 재단이 설립되었다.[40)]

한편 한국인들은 개인이나 집단적인 인간들이 가지고 있는 혼성된 종교적 신념을 지니고 있다. 바꾸어 말해서 논리적인 점에서 보면 한국인들이 신봉하는 여러 가지의 상이한 종교의식들은 서로가 상충되지만 그들의 내부적인 면에서는 아무런 적의를 느끼지 않고 오히려 수세기에 걸쳐 서로가 익숙해지는 동안에 하나의 종교적 혼성물을 이루었으며, 한국인들은 이러한 혼성물 중에서 자기가 좋아하는 요소를 취하면서 그 나머지에 대해 아무런 멸시의 감정을 나타내지 않는다. 그러므로 한국인들은 이와 같은 혼합된 종교 중에서 어느 한 측면만을 배타적으로 준봉하지 않는 신앙적 태도를 지니고 있다. 마음 한 구석으로는 불교적 요소에 의존하고 있으나 어떤 때에는 조상으로부터 전해 내려오는 물신교적 미신을 믿을 수도 있다.

---

39) H.B. 헐버트(신복룡 역주), 『대한제국멸망사』, 집문당, 1999, 54-56쪽.
40) 위의 책, 54쪽, 163쪽.

일반적으로 말해서 한국인들은 사회적으로는 유교도이며, 철학적으로는 불교도이며, 고난을 당할 때에는 영혼 숭배자이다.[41]

이러한 종교적 혼합성과 타 종교에 대한 비배타적인 마음이 한국인으로 하여금 기독교를 적극적으로 수용하게 해준 신앙적 태도라고 할 수 있다.

특히 한국에서의 조상숭배는 불교, 도교, 영혼숭배, 풍수지리, 점성술, 물신숭배 등이 복합된 종교이다. 한국인들은 조상숭배를 다른 의식이나 관습보다 더 우위에 두고 있다. 번영과 성공이라는 행복한 세계로 이르는 수단이 바로 조상숭배이다. 조상숭배를 소홀히 한다는 것은 삶과 희망에 대한 전반적인 상도를 벗어난 것이다. 조상숭배자들은 부처님에게 자문을 구할 수도 있고 옥황상제에게 물어 볼 수도 있다. 흔히 산신령 앞에서 절을 올릴 수도 있고, 오방신을 세워 놓고 행운을 빌 수도 있다.[42]

이처럼 한국인은 그들의 마음과 영혼을 완전히 지배하는 조상숭배의 기질을 가졌기 때문에 기독교의 하나님 숭배를 자연스럽게 받아들일 수 있었다.

게다가 한국인은 신에 대해 얘기하는데 그 신이란 '하느님'으로서, 유일하게 위대하신 분이다. 중국어와 한국어에 있어서 그의 이름은 '하나'와 '위대한'이라는 의미를 지닌 용어로 이루어진다. 그는 하늘이나 땅 혹은 지하에 그 모습이나 화상이 존재하지 않는 최고의 통치자인 것이다. 어느 비기독교 노인에게 "오늘 비가 내릴 겁니다"라고 말했더니 그 노인은 "비가 내린다고요? 그걸 누가 압니까?"라고

---

41) J.S. 게일(신복룡 역주), 앞의 책, 59쪽.
42) 위의 책, 60-61쪽.

하여, "조간신문을 보니 날씨가 그렇게 궂을 거라고 하더군요"라고 대답하자, 그 노인은 "내 참! 조간신문이라니? 하느님이 하실 일을 조간신문이 어떻게 안단 말이지?"라고 대꾸했다.[43]

　이러한 한국인의 의식은 그들이 기독교의 하나님을 이해하고 숭배할 수 있는 토양이 될 수 있었다.

　특히 한국에 발을 디딘 선교 개척자들은 예부터 전해 내려온 한국의 종교가 부패했다고 보았다. 고려 때까지는 불교가 막강한 영향력을 행사했다. 그러나 조선왕조가 유교를 통치철학으로 받아들이면서 불교세력은 쇠퇴했다. 더구나 불교는 철학이 너무나 심오하여 백성들에게 호소력을 갖기 어려웠다. 그리고 유교는 백성들이 가지고 있는 종교적 열망을 채우기에 적합하지 않았다. 이렇듯 불교나 유교가 백성의 영적, 정서적 욕구를 채울 수 없는 상황에서 한국 땅에 들어온 선교사들의 눈에는 한국인들이 정서적·영적·사회적 필요를 채워줄 새로운 종교를 찾고 있는 것처럼 보였다.[44]

　옛 히브리 사람들이 'Shalom'하거나 모슬렘인들이 오늘날까지도 'Salaam'이라고 말하는 것처럼 한국인들은 '평안', '평안히 가시오', '평안히 주무십시오', '편히 드십시오', '평안히 쉬십시오'라고 말끝마다 '평안', '평안'하고 인사한다. 이는 성경 속에 있는 구세주의 말을 생각나게 하며, 한국인들은 성경을 읽을 때 성경이 그들에게 평안을 들려주는 것을 명료하게 이해할 수 있었던 것이다.[45]

　아울러 성경이 삼베옷과 유골 또는 이러한 것들로써 그들의 고난

---

43) 위의 책, 70쪽.
44) 캐서린 안, 앞의 책, 26쪽.
45) J.S. 게일(신복룡 역주), 앞의 책, 114-115쪽.

을 표시하고 있는 야곱과 모르드개와 이사야에 관해 이야기할 때면 한국인들에게 성경은 멀리 있지 않았다. 한국에서 삼베옷이란 아직 구약에서의 의미를 그대로 간직하고 있고, 머리를 풀고 사람들은 그 거친 자루 천의 몸을 감싼 채 욥처럼 앉아서 "아이고 아이고" 하며 운다. 이러한 일들은 한국인들이 쉽게 성경에 접하고 빨리 이해할 수 있게 해주는 풍속들인 것이다.46)

선교사들은 악마에 관한 책과 이야기를 가지고 한국에 왔다. 한국인들은 그것을 읽고 즉시 매혹되었다. 신약성경에는 수많은 귀신들이 갈릴리의 비탈진 언덕 아래로 뛰어 돌아다니다가 맹인을 눈뜨게 하고, 영혼을 밝게 하는 그리스도를 만났다. 그리스도는 미쳐 날뛰는 귀신들을 다스렸다. 귀신들은 많은 군중들로 하여금 입에 거품을 물고 경련을 일으키게 했다. 귀신들이 엉덩이와 넓적다리를 강타당하는 것을 한국의 역사에서는 보지 못했다. 전국에 걸쳐서 선교사들은 귀신들린 사람들을 위해 달려갔다. 그들에게 복음을 전하고, 그들의 아픔을 위해 기도하며, 병을 고쳐 주며, 가난한 이를 위해 기도했다.47)

한국인들은 이러한 귀신이 있다고 믿었다. 그들은 귀신을 그들 자신만큼이나 더 이상 의문을 가질 수 없는 어떤 존재로 받아들였다. 귀신은 도처에 있으며, 그들을 쫓아내는 것은 벌이가 좋은 직업이었다. 이런 사실이 기독교 신앙과 한국인들을 밀착시켜주었다. 성경 속에 나타나는 '주님의 이름으로 마귀를 쫓아내고', '그는 한마디의 말로 악마를 쫓아내고', '마귀를 쫓아내는 권능을 주시고', '막달라 마리아로부터 그가 일곱 마귀를 쫓아냈다'라는 구절들에 대해 서구인

---

46) 위의 책, 117쪽.
47) 위의 책, 76-77쪽.

들은 이런 말들이 다른 혹성에서나 일어나는 일처럼 읽었다. 그래서 서구인들은 귀신 붙는다는 성경의 이야기를 의심스러워했다. 그러나 한국인들은 이러한 사실들을 거부감 없이 받아들였다.[48]

또한 성경에 나오는 우상숭배의 문제 역시 당시 한국인들의 정서 속에서 쉽게 이해하고 받아들일 수 있었다. 한국의 큰 길이나 샛길에서 마주치는 장승들의 드러난 이빨과 이글거리는 눈은 무의식중에 이스라엘인들이 숭배하는 다곤(Dagon), 몰록(Moloch), 그모스(Chemos), 발(Baal)과 같은 신이나 우상들을 생각나게 했다. 반면에 미국인들은 우상에 관해 박물관이나 성경책을 통해 그런 것들을 알기 때문에 이해가 쉽지 않았다.[49]

더 나아가 한국인들은 온갖 질병 속에 놓여 있었다. 뒤틀린 사지, 먼 눈, 병들고 상한 육신, 이 모든 질병에 걸린 사람들은 예수께로 초대되고 있었던 것이다.[50]

이밖에도 한국인들은 지난날 숱한 변화를 겪으면서도 글을 좋아하는 국민으로 남아 있었다. 그들은 상업에도 능하지 못하고 호전적이지도 않았으나 호학했다. 그들은 책 읽는 것을 칭송했고, 따라서 '책 중의 책'이라고 할 수 있는 성경을 환영했던 것이다. 그들은 높은 가르침을 존경했고, 복음은 정의와 평화의 기쁨을 주는 왕자로 대접받았다. 이와 같이 오랜 옛날부터 한국인은 선교사를 위한 특별하고 명예로운 자리를 준비하고 있었다. 선교사들은 보통사람을 위한 학문의 정신적 지주요, 스승이며, 안내자이자 모범으로 되고 있었다.[51]

---

48) 위의 책, 118쪽.
49) 위의 책, 118쪽.
50) 위의 책, 119쪽.
51) 위의 책, 110쪽.

요컨대 한국인은 외견상으로 보더라도 기질과 관습 및 의식의 형태로써 성경을 이해하고 받아들이는 데 용이했다. 그들이 숨 쉬고 있는 공기는 그리스도 시대의 향기가 주입되어 있는 것처럼 보였고, 그들 세계의 움직임은 고대 팔레스타인의 방식을 따랐다. 그들의 내면적 사고는 성경에 적혀 있는 대로였다. 그들의 미신은 이스라엘의 멸망기에 가졌던 바로 그것과 같았다. 정신적인 힘에 대한 그들의 이해는 유대 주변의 국가가 그들을 이해했던 것과 똑같았다. 삶에 대한 그들의 결론은 세속이 어떠해야 한다고 성경이 결론지은 것과 같았다.[52]

이상과 같이 개항 이후 열악한 환경 속에서도 개신교가 급속하게 성장할 수 있었던 까닭은 한국인의 기질과 풍속 및 종교적 포용력 등으로 한국인은 기독교를 거부감 없이 받아들일 수 있었으며, 온갖 질병에 놓여 있는 한국인들에게 의료선교를 통한 기독교는 구원의 종교였으며, 책 읽는 것을 좋아하는 민족성으로 인해 성경을 환영했다. 그리하여 한국인은 늘 성경을 가까이 하고 기독교를 거부감 없이 받아들일 수 있었다.

(2) 한글 성경 번역과 기독교 간행물의 출판 및 인쇄

이미 개신교 선교사들이 들어오기 전에 해외에서 성경이 한글로 번역되었고, 그것을 국내에 반입시킨 서상륜 등 전도인에 의해 상당

---
52) 위의 책, 119-120쪽.

수의 교인들이 생기게 되었다.53) 사실 개신교 선교사들은 한국 왕실과의 관계를 염두에 두고 복음전도나 종교행위에 대해서는 신중한 입장을 취했지만 신앙공동체 형성을 위한 한국인 교인들의 자발적인 노력은 초기에 이미 결실을 맺고 있었다.

한국사회에 복음을 전하려고 하던 초기 선교사들이 성경을 한글로 번역하는 일에 먼저 착수한 것은 매우 지혜로운 일이라고 볼 수 있었다. 개신교 선교사의 선교방법은 로마 가톨릭 신부들이 십자가 상이나 염주를 주는 것으로 영세의 표를 삼는 방법과 달랐다.54)

영국 스콜틀랜드 장로교 선교사 로스 목사는 한국사회의 쇄국으로 인해 직접 선교사들이 들어갈 수 없는 상황에서도 머지않아 선교의 문이 열릴 것을 믿으면서 성경번역사업을 정력적으로 추진하였고, 성서공회의 지원을 받아 출판했다. 로스 목사는 만주에서 서상륜, 이응찬을 비롯해서 한국인 개종자들의 도움을 받아, 1882년에 마가복음, 누가복음을 번역 출판했으며, 1887년에는 신약성경을 번역, 완성하여 출판했는데 그 이름을 『예수성교전서』라고 했다. 그것은 미국 선교사 언더우드 목사가 내한한 지 2년 뒤에 행해진 일이다.55)

특히 『예수성교전서』의 한국인 번역자들은 일자리나 호구지책을 위해서가 아니라, 성경을 통해 기독교에 접하고 스스로 그 진리를 보다 확실히 배우기 위해, 혹은 신앙을 고백하기 위해 로스를 찾아가서 세례를 받고, 곧바로 고향으로 돌아가 복음의 전도자가 되기를 원했던 열렬한 신앙의 인물들이었다.56)

---

53) 한국기독교역사연구소,『한국기독교의 역사』 1, 242쪽.
54) 채기은,『한국교회사』, 기독교문서선교회, 1997, 47쪽.
55) 한국기독교역사연구소,『한국기독교의 역사』 1, 147-148쪽; 채기은, 위의 책, 47-48쪽.

번역·간행된 성경을 반포하는 사업에 있어서도 그 주역은 한국인 개종자들과 권서(매서인)들이었다. 이들은 마을마다 성경을 짊어지고 들어가 복음의 씨를 뿌린 전도의 선구자들로, 이들의 노력이 선교사가 들어오기 전인 1880년대 초에 만주와 한반도에 여러 공동체들의 설립으로 나타났다.57)

그리고 한국인들의 자발적인 노력으로 북부지방에 최초의 개신교회가 세워졌다. 그중 가장 유명한 교회가 황해도 작은 마을 소래에 있었다. 1876년에 존 로스는 만주에서 여러 사람에게 세례를 주었는데, 그중에 서상륜이라는 사람이 있었다. 서상륜은 양반가문에서 태어났으나 13세 때 부모를 여의고 만주에서 홍삼장사를 했다. 31세 때 만주에서 장티푸스로 사경을 헤맬 때 스코틀랜드 연합장로회의 목사인 매킨타이어에게 구호를 받은 후 완쾌되어 신자가 되었다. 몇 달 후에 매킨타이어와 같은 선교회에 소속되어 있는 목사 로스를 만나 세례를 받고 그의 어학선생이 되었다. 세례를 받은 서상륜은 고향 소래로 돌아가서 설교를 하기 시작했고, 그리하여 교회가 세워졌다. 초기 개신교 선교사들은 소래를 '한국개신교의 발상지'라고 불렀다.58)

이처럼 로스 목사와 한국인 개종자들에 의해 만주에서 성경출판과 한국인 개종이 이루어지고 있을 때, 일본에서 선교하던 목사들은 임오군란 때 명성황후를 구출한 공으로 인해 1882년 9월 수신사 박영효의 비공식 수행원으로 일본에 건너갔던 한국인 온건개화파이자 양반학자인 이수정과 협조하여 1884년에 마가복음을 번역 출판했다.59)

---

56) 한국기독교역사연구소, 『한국기독교의 역사』 1, 149쪽.
57) 위의 책, 152쪽.
58) 캐서린 안, 앞의 책, 28쪽; 「서상륜」, 엠파스 한국학지식, http://m.blog.daum.net. (2008.11.30.)

이수정은 일본 체제 중 당대 일본의 대표적인 농학자이자 기독교인 이었던 쓰다(律田仙)의 인도로 한문성서를 탐독하다가 기독교에 귀의할 것을 결심했다. 쓰다의 안내로 기독교 예배에 처음 참석한 뒤 1883년 4월 29일 동경노월 정교회에서 일본 주재 미국 장로교회 선교사 녹스의 입회하에 목사 야스가와(安川亨)의 집례로 세례를 받았다.[60]

이로써 이수정은 도일 7개월 만에 한국인으로서 일본에서 세례 받은 첫 개신교 신자가 되었다. 이수정의 개종과 공개적인 신앙고백은 한국선교의 가능성을 모색하던 재일 미국 선교사들과 일본교회에 큰 자극을 주었다. 재일미국성서공회 총무 루미스의 제안을 받아 이수정은 곧바로 성경번역에 착수했다. 이수정은 성경이 한국민족에게 철도나 전신, 기선보다 더 필요한 것임을 확신하였고, 자신의 번역이 이후 한국으로 들어가는 선교사들에게 준비과정에서 도움이 될 것을 잘 알았기 때문에 번역에 흔쾌히 임했던 것이다. 그리고 이수정은 자신이 맛보는 기쁨과 복음의 비밀을 널리 알리기 위해 당시 김옥균의 인솔로 일본에 가 있던 30여 명의 유학생들에게 전도하기 시작했다. 이수정의 노력에 따라 유학생들 세계에서는 개종이라는 놀라운 결과가 나타났다. 그리고 이들을 중심으로 한 유학생들의 신앙공동체가 형성되었다. 이 신앙공동체가 점차 발전하여 미국 선교사들이 와서 성경을 가르치는 일종의 '성경연구회'로 확대되었고, 더 나아가 주일마다 설교자를 초청하여 정기적으로 예배를 드리게 되었다. 이것이 1883년 말 도쿄에 세워진 최초의 한국인 교회였다.[61]

---

59) 한국기독교역사연구소, 『한국기독교의 역사』 1, 157쪽.
60) 「이수정」, 한국민족문화대백과, http://m.terms.naver.com
61) 한국기독교역사연구소, 『한국기독교의 역사』 1, 158-160쪽, 163쪽.

그리고 미국인과 미국 선교사를 좋아한 이수정은 한국에 선교사를 파송해 달라고 요청했고, 장로교의 녹스 목사는 이수정에게 세례를 준 후 즉시 본국에 이 사실을 알렸다. 당시 일본교회에서는 한국 선교론이 대두되어 한국 선교사를 지원하는 자까지 나오는 분위기였는데, 이수정은 여기에 강력히 반대하고 미국 선교사를 요청했다. 한국과 일본 간의 오랜 역사적, 민족적 감정과 정치적 문제 못지않게 서구문명을 일본의 손을 거치지 않고 직접 미국으로부터 수용해야 한다는 문화적 욕구가 있었기 때문이다.[62]

언더우드 선교사가 일본에 들렀을 때 이수정이 한글로 번역한 마가복음서를 받아 한국에 가져왔다. 언더우드는 1887년 10월 성경번역위원회를 조직하여 한글 성경번역에 착수했다. 이에 세 명의 한국인 학자와 함께 레널즈 박사, 언더우드 박사, 게일 박사, 조지 히버 존스 박사 등이 참여했다. 언더우드와 아펜젤러가 공동으로 번역한 성경은 번역자들이 정확을 기하기 위해 헬라어, 히브리어, 라틴어, 불어, 독어, 중국어로 된 성경과 영어 개역성경을 참고서로 사용했다. 1900년에는 합동성서공회가 창립을 보게 되었다. 대영성서공회, 미국성서공회, 스코틀랜드공회가 한국에 와서 함께 협조해서 일하기 위해 합동성서공회, 곧 오늘날의 대한성서공회를 창립하게 된 것이다. 그리하여 1900년 4월에 신약전서를, 1910년에는 구약전서를 번역 출판했다. 그리고 1935년에 개역 성경이 출판되어 오늘날까지 애용되고 있다.[63]

---

[62] 위의 책, 160쪽.
[63] 채기은, 앞의 책, 48쪽; 윌리엄 그리피스(이만열 옮김), 앞의 책, 207쪽; L.H.언더우드(이만열 옮김), 앞의 책, 60쪽.

이처럼 성경번역사업에 있어서 일반 민중들을 대상으로 한 언어, 계층까지도 이해할 수 있는 문체인 한글로 성경을 번역하려 노력한 점은 높이 평가될 만하다. 그것은 성경을 민중계층에 접촉시키는 공로뿐만 아니라, 유교 중심의 봉건체제 속에서 소외당했던 한글을 적극 수용함으로서 한글문화를 창출하는 데 공헌한 점에서 더욱 그렇다. 그러한 의미에서 한글성경은 한국 국어사에 있어서 가장 커다란 사건이었다.[64]

전혀 교육을 받지 못한 사람들도 한 달 남짓으로 언문을 깨우쳐서 성경을 읽었다. 보수적인 관념과 뒤떨어진 방식으로 살고 있는 이 오래 된 잊혀진 땅에서 수백만 질의 신약성서와 전사본이 팔린 경이로운 이유가 바로 여기에 있었던 것이다.[65]

'경이의 계단을 통해 천국으로 올라간' 첫 사람들처럼, 기독교 복음의 전파자들은 한글을 그들의 허물없는 편지와 소책자와 책에 사용하기 시작했으며, 마침내 그들은 하나님의 살아있는 말씀을 그 문자 안에 담았다. 오늘의 시점에서 보면 일본과 같은 나라에 비교할 때 한국이 그렇게 빨리 복음화된 것에는 많은 이유가 있겠지만, 그 중 큰 이유 하나가 바로 하나님의 복음이 자신들의 언어와 문자로 한국의 평민들에게 다가왔다는 사실이었다. 특권과 지위를 가진 한국의 학자들은 언문이 배우기 쉽다는 이유로 더러운 문자라고 폄하한 반면, 선교사들은 이 경멸받는 질그릇을 하늘의 보물을 담는 그릇으로 만들었던 것이다.[66]

---

64) 한국기독교역사연구소, 『한국기독교의 역사』 1, 202쪽.
65) J.S. 게일(신복룡 역주), 앞의 책, 110쪽.
66) 윌리엄 그리피스(이만열 옮김), 앞의 책, 206쪽.

개척 선교사들은 성경의 번역에 심혈을 기울였다. 그 일에 착수한다는 것이 얼마나 어려운 것인가를 실제로 해 보지 않은 사람은 모른다. 뉴욕시의 생명보험 빌딩의 60층도 그만큼 방대한 것은 아니다. 이 작업을 하는 데에는 10년이 걸린다. 선교사들이 그러한 작업의 기초를 위해 필요한 것들, 이를 테면 절을 나누어 보고, 각 단의 뜻을 새겨 보고, 이렇게 옮겨 보고, 저렇게 다뤄 보고 평가하고 기록하다 보면, 그것은 학질과 권태로움만이 엄습하는 파나마운하의 굴착작업을 연상시켜 준다. 파나마운하가 그랬던 것처럼 성경번역사업도 두 개의 대양을 연결시키고 있다. 즉 하나님의 무한한 사랑과 인간의 측정 불가능한 욕망의 대양이 그것이다. 이는 또한 민족의 지성 속에 철도를 건설하는 것과도 같았다.[67)]

이렇게 한글로 번역된 성경은 한국인들의 정신과 마음의 성장을 촉진시켜 주고, 미지의 사고체계에 생명을 가져다주었을 뿐 아니라, 구어와 문어의 새로운 기준을 세움으로써 진정한 민족문학이 시작되도록 유도했던 것이다.[68)]

성경은 처음부터 한국 선교에서 가장 돋보이는 위치를 차지했다. 그 증거 가운데 하나가 1910년대 세계 최대의 성경 반포 기관인 영국성서공회가 중국을 제외하고는 한국에서 가장 많은 성경을 팔았다는 사실이다. 당시 영국성서공회가 활동했던 30개 이상의 지역 가운데서도 한국은 가장 인구가 적은 곳에 속했다는 점을 염두에 둔다면, 이것은 대단히 놀라운 것이다. 성경은 사실 한국교회의 탄생과 성장에서 독보적으로 중요한 요인이었다. 따라서 선교사들이 한국

---

67) J.S. 게일(신복룡 역주), 앞의 책, 133쪽; 윌리엄 그리피스(이만열 옮김), 위의 책, 207쪽.
68) 윌리엄 그리피스(이만열 옮김), 위의 책, 206쪽.

기독교의 성격을 일러 '성경 기독교'라 불렀던 일이라든지, 또 한국 기독교인들을 '성경을 사랑하는 기독교인'이라고 묘사했던 점은 충분히 이해할 만하다.[69]

이처럼 당시 한국 교인들은 모두가 선교사들이 들어오기 전에 이미 기독교에 대한 정보 내지는 진리를 접한 바 있었고, 성경을 읽는 과정에서 신앙을 결단하여 선교사를 찾아가 세례를 받고, 초대 개신교 신앙공동체를 형성한 주역들이 되었다. 이러한 한국인들의 자발성에 대해 언더우드는 다음과 같이 언급했다.[70]

> "누가 봐도 교회는 나날이 성장하고 있다. 상당수의 세례지원자들이 있는데 모두 남성들로 열심 있어 보인다. 한국인들이 세례를 베풀어 달라고 북에서, 남에서, 동에서 요청하고 있지만 학교일 때문에 갈 수가 없다."

선교사들이 한국 땅에 들어오기 전에 이미 만주와 일본에서 한글로 된 성서가 나왔고 그것이 여러 경로를 통해 국내에 반입되어 그것을 읽은 사람들 가운데, 또한 서상륜과 백홍준같은 용기 있는 전도인들의 활약에 의해 기독교를 믿으려는 의사를 표시한 사람들이 생겨났다. 따라서 선교사들이 종종 표현하던 대로 한국이 '처녀지'는 아니었던 것이다. 즉 초기 선교사들의 활동은 복음을 전하는 것보다는 이미 결심한 구도자들에게 세례를 주는 일로 시작되었다. 이러한 점에서 다음과 같은 언더우드의 고백은 솔직한 것이었다.[71]

---

69) 류대영, 『초기 미국 선교사 연구』, 한국기독교역사연구소, 2001, 137-138쪽.
70) 한국기독교역사연구소, 『한국기독교의 역사』 1, 244-246쪽.
71) 위의 책, 183쪽.

"그 무렵은 씨를 널리 뿌릴 시기였음에도 동시에 우리는 첫 열매를 거둘 수가 있었습니다."

한국인이 읽을 수 있는 성경이 나오자 선교사들은 성경공부를 더욱 강조했고, 신자들에게 개인적으로 성경을 읽도록 권했다. 그 결과 성경보급이 탄력을 받아 1896년에 2,997권이던 성경이 1906년에는 12만 7,269권으로 크게 늘어났다. 그리고 이듬해 유례없는 복음전도의 성과가 나타났다.[72]

한편 서울과 지방에서 성경과 그 교리를 가르치는 성경공부반이 운영되었다. 이에는 많은 사람들이 자신이 먹을 것을 들고 먼 거리를 걸어서 참석했다.[73] 1907년 무렵 한국인들은 마태오와 요한, 그리고 성서에 나오는 그밖의 사람들이 누구인가를 알고자 했으며, 사도 바울의 주요한 사상과 계시록을 파악하고자 성경공부에 참석했다. 그들 중의 일부는 집회에서 먹을 식량을 등에 지고 1백 마일을 걸었다. 이들은 마치 평양으로 유학을 떠나는 것과 같았다. 그들은 콧노래를 부르고 설교를 들으며 즐거워했고, 집에 가서는 가족들에게 그 동안에 있었던 일들에 대한 이야기하기를 좋아했다.[74]

기독교인들이 그들의 본업을 제쳐 두고 성경공부에 참가한다는 것은 끊임없는 경이로움과 즐거움이었다. 성서를 공부하러 오는 사람들은 자신의 경비를 부담해야 했다. 모두 151개의 성서연구반이 한국 사람들을 위해 열렸으며, 6,575명이 그곳에 참석했다. 3개 도시

---

72) 캐서린 안, 앞의 책, 40쪽.
73) L.H.언더우드(이만열 옮김), 앞의 책, 149-150쪽.
74) J.S. 게일(신복룡 역주), 앞의 책, 152쪽.

에서의 연구반에는 약 1,500명이 참가했다. 이러한 현상은 한국인들이 스스로를 훈련시키는 것이었다.75)

성경뿐만 아니라 찬송가와 기타 기독교 교리 및 전도문서들, 교회 계통의 각종 정기간행물들도 한글로 인쇄되어 나왔다. 찬송가 발행은 1892년에 미감리회 선교사 존스와 로드와일러가 편집해 낸 「찬미가」를 그 효시로 한다. 그리고 선교회별로, 교파별로 따로 사용하던 찬송가들의 합동작업이 1905년 재한복음주의선교회통합공의회 조직과 함께 본격적으로 추진되어 1908년에 장로교 감리교 연합으로 『찬송가』를 발행했다. 그러나 초교파라 하더라도 그것은 엄밀한 의미에서 장로교와 감리교만을 의미한 것이다. 다른 군소 교파들은 별도로 찬송가를 편집해 사용했다.76)

그중 한국에서 많이 불려지는 것으로는 「옛수 나를 사랑하네」, 「피 밖에 없네」, 「하나님 가까이」, 「예루살렘 나의 복된 집」 등이다. 이들은 오두막에서도, 고관대작의 집에서도 그리고 대궐에서도 불려졌으며, 어린이들도 신이 나서 불렀다.77)

기독교 정기간행물도 교파적 배경을 갖고 간행되었다. 1897년에 두 종류의 한글신문이 나왔으니 아펜젤러가 발행하던 『죠선크리스도인회보』(2월 2일 창간)와 언더우드가 발행하던 『그리스도신문』(4월 1일 창간)이 그것이다. 이 두 신문은 주간 신문이었고, 단순한 기독교 진리 보급만이 아니라 "혼암한 마음을 광명케 하고, 개명에 진보"케 하며, "제 나라의 왕성하여 가는 것을 보고 제 자녀에게 제가

---

75) 위의 책, 173쪽.
76) 한국기독교역사연구소, 『한국기독교의 역사』 1, 202-203쪽.
77) J.S. 게일(신복룡 역주), 앞의 책, 134쪽.

받은 학문보다 나은 것을 주려"는 데 목적을 두고 있었다. 따라서 두 신문은 교회소식이나 교리적인 내용과 함께 서구문화와 문명을 소개하는 데 많은 지면을 할애하였고, 농사짓는 법, 육아법, 공업 등 실천적인 면도 강조하여 일반지식 보급을 위해 노력했다. 그 결과 이 신문들은 민족의 개화사상 보급에 크게 공헌하였고, 충군애국적인 민족주의 사상을 심어주는 데도 지대한 공을 남겼다.[78]

그 외에 다른 교파 신문으로는 1906년부터 천주교에서 내던 『경향신문』과 1909년 구세군에서 내던 『구세신문』이 있다.[79]

국내에서 발행된 잡지로는 1892년 미감리회 선교사 올링거가 내던 『The Korean Repository』란 영문잡지가 효시다. 1901년에는 감리교 헐버트에 의해 『The Korean Review』가, 위의 해 장로교의 빈튼에 의해 『The Korea Field』가 나왔다. 한글로 된 잡지로는 1900년 12월에 창간된 『신학월보』가 효시이며, 미감리회 존스가 인천에서 발행하기 시작한 이 잡지는 교회소식뿐만 아니라 신학내용까지 포함하여 초기 한국교회의 신학 형성과정에 중요한 역할을 담당했다. 특히 『가뎡잡지』는 민족운동가 진덕기 목사를 비롯해 유성준 · 주시경 · 노병선 · 양기탁 등이 참여해 만들어 낸 순수 민간잡지였다.[80]

단행본으로는 1883년 만주 봉천에서 간행된 로스의 『예수성교문답』과 『예수성교요령』이 한글로 된 것으로는 처음이다. 국내에서 발행된 것으로는 1889년에 나온 『성교촬요』(아펜젤러)와 『속죄지도』(언더우드), 1890년에 나온 『라병론』(올링거), 『미이미교회강례』(아

---

78) 한국기독교역사연구소, 『한국기독교의 역사』 1, 203-204쪽.
79) 위의 책, 204쪽.
80) 위의 책, 204-205쪽.

펜젤러),『셩교촬리』(언더우드),『크리스도쓰 셩교문답』(스크랜턴 부인) 등이 비교적 초기에 나온 것들로 기독교의 기본교리들을 그 내용으로 삼고 있다.81)

국내에서 1889년부터 단행본이 활발하게 나오기 시작한 것은 1889년 올링거에 의해 배재학당 안에 인쇄소가 설립된 것과 연관이 있는 것으로 풀이된다. 이 인쇄소는 영문·한문·한글 세 문자의 인쇄시설을 갖추고 있어서 삼문출판사란 이름이 붙여졌다. 이 인쇄소는 1899년에 인쇄시설을 확충하고 미이미교회출판소로 이름을 바꾸었으나, 1909년경에 폐쇄되고 말았다. 그러나 이곳에서 인쇄 혹은 발행해 낸 초기 기독교 문서들은 한국 기독교뿐만 아니라 일반 문화 향상 및 한국의 어두움을 일소하는 데 크게 기여하였다. 이곳에서 정기간행물들과 『독립신문』,『협성회보』,『경성신문』,『매일신문』 등 일반신문까지도 인쇄했던 것이다.82)

1890년에 초교파(장로교·감리교 연합) 문서사업기관으로 '조선성교서회'가 설립됨으로써 보다 체계적인 문서선교의 기틀이 잡혔다. 언더우드·헤론·올링거 3인의 노력에 의해 태동된 이 서회는 한국어로 기독교 서적과 전도지와 정기간행의 잡지류를 발행하여 전국에 보급하는 것에 그 목적을 두었다. 이 서회는 1897년에 대한성교서회로 명칭을 바꾸었다가 합방 후인 1915년에 '조선예수교서회'로 다시 바꾸었는데, 이것이 오늘의 '대한기독교서회'의 전신이다.83)

더 나아가 1894년 5월 4일 한국에서는 처음으로 기독교 서적과 외

---
81) 위의 책, 205쪽.
82) 한국기독교역사연구소,『한국기독교의 역사』 1, 205-206쪽; 김석영,『아펜젤러』, kmc, 2011, 143쪽.
83) 한국기독교역사연구소,『한국기독교의 역사』 1, 206쪽.

국 서적을 판매하는 서점을 열어, 일단 작은 규모로 운영하기 시작했다. 이로써 외국인들에게 죽음을 선언하고 조약 체결을 주장하는 사람에게 저주를 퍼붓는 포고문이 서 있던 곳으로부터 몇 미터 떨어지지 않은 장소에서 새로운 빛이 흘러나와 곧 온 땅에 퍼지게 되었다.[84]

이상과 같이 성서번역을 비롯해서 기독교와 관련된 각종 문서와 서적 및 신문·잡지 등을 출판해냄으로써 기독교 복음 전파가 한결 쉽게 된 것은 물론이고, 기독교와 사회문화 발전에도 지대한 공을 남긴 것이 사실이다.[85]

그러나 선교사들이 주관하는 성서번역이나 정기간행물 발간 등에 한국인이 참여하지 않은 것은 아니나, 그 참여의 폭은 제한적이었다. 그리하여 문서작업이 거의 선교사들에 의해 장악되었고, 서양의 신학사상과 조류들이 번역되어 읽혀짐으로 초기부터 한국교회는 서구 의존적 신학풍토 속에 처할 수밖에 없었다. 그 결과 초기 문서선교가 이룩한 기독교 문화는 전통 동양문화의 파괴를 전제로 한 서구 지향적 문화로 흐를 가능성이 짙었다.[86]

(3) 한국정부의 협조 및 의료와 교육사업

1) 한국정부와 선교사들의 우호적 관계

미국 선교부에서 일본에 있던 이수정이 복음을 받아들인 뒤 조국

---

84) 윌리엄 그리피스(이만열 옮김), 앞의 책, 245-246쪽.
85) 한국기독교역사연구소,『한국기독교의 역사』1, 207쪽.
86) 위의 책, 207쪽.

에 복음을 전하기 위해 마가복음을 한글로 번역하는 동시에 미국 교회들에 편지를 여러 통 보내고 한국에 선교사를 보내달라고 요청한 바 있다. 미국 선교부에서 이와 같은 이수정의 편지에 관심을 기울일 무렵 한국에는 정치적 변화가 생기면서 문호개방이 이루어졌다. 덕분에 선교사들이 한국 땅에 들어갈 수 있었다. 서양을 적대시 하던 한국 정부의 태도는 대원군이 물러나면서 차츰 바뀌기 시작했다. 보수적이던 대원군과 달리 명성황후는 서구 열강들과 외교관계를 맺어야 한다고 보았다. 이에 한국은 1876년에 일본과 조약을 맺었다. 그 후 10년간 미국, 영국, 독일, 러시아 등과 조약을 맺었다. 여기에 선교활동 허용 조항이 포함되지는 않았지만, 미국 교회에서는 한국에 선교사역을 할 때가 무르익었다고 보았다.[87]

초창기 개신교 선교사들은 1898년 6월 한국정부가 북장로회 선교사 스왈른에게 선교사 자격으로 전도하는 일을 하도록 허락하는 호조(여행증명서)를 발행하여 기독교 전파와 종교행위를 인정하기까지는 공개적인 복음전도 활동은 삼가며 신중한 입장을 취하고 있었다.[88]

그러나 개신교 선교사들이 쉽게 선교활동을 하게 된 것은 개항 이후 불평등조약 체계를 배경으로 하면서 한국왕실과 두터운 친분관계를 맺고 있었기 때문이라고 할 수 있다. 그리고 그 통로는 바로 교육과 의료사업이었다.

중국에 있던 미국 선교사들은 한국 선교를 위해서 본국에 호소했다. 곧 리이드(Gibert Reid) 목사는 1884년 4월 14일부로 지푸에서 다음과 같은 편지를 보냈다.[89]

---
87) 캐서린 안, 앞의 책, 28-29쪽.
88) 한국기독교역사연구소, 『한국기독교의 역사』 1, 242쪽.

"나는 지금도 역시 한국 선교지의 즉시 점유를 열망하고 있다. 나의 의견은 일본 측에서, 중국 측에서, 만주 측에서, 그리고 한국 측 자체로부터 얻은 실정 보고에 의하여 된 것이다. 나의 의견은 귀하가 일찍이 귀하의 편지에서 지적한 바와 같이 선교사로서가 아니라, 교사와 의사의 자격으로 선교사업을 시작해야 한다는 것이다. 교사와 의사는 모두 만반의 준비를 갖추고 와야 할 것이다. 곧 교사는 영어를 가르치기에 충분한 서적을 가지고 와야 할 것이며, 의사는 각종 약품과 의료기를 장만해야 할 것이다. 이렇게 만반의 준비를 갖추고 오면 부임 즉시로 민중들의 존경을 받을 것이다."

이처럼 미국인 선교사들 가운데서는 위험한 한국에서의 선교활동은 교회를 직접 세워서 하는 직접적인 선교활동이 아니라, 학교와 병원을 통한 간접적인 선교방식을 택하는 것이 바람직하다고 보는 이들이 많았다.

그리하여 일본에 있는 감리교의 선교사인 맥클레이가 김옥균을 통해 고종에게 허락받은 선교사업은 학교와 병원사업이었다. 따라서 미국의 선교부도 선교사를 선발함에 있어 두 가지 사업을 염두에 두고 선발했다. 그 결과 1884년 말에 이르러 미국 북장로회에서는 이미 의료선교사로 알렌과 교육선교사로 언더우드를, 미국 감리회에서는 의료선교사로 스크랜튼을, 교육선교사로 아펜젤러와 스크랜튼 부인을 각각 선발했다. 이들의 신분은 의사 혹은 교사였지만 언더우드, 스크랜튼, 아펜젤러 모두가 안수 받은 목사들이어서 복음전도라는 본래의 사명도 수행할 수 있는 입장이었다. 이로써 미감리회

---

89) 채기은, 앞의 책, 45쪽.

와 북장로회는 미국 공사관 근처의 정동에 기지를 마련하고 선교에 착수할 수 있었다.[90]

특히 개신교 선교사들이 한국왕실과 두터운 친분관계를 맺게 된 계기가 된 사건은 바로 알렌의 민영익 치유사건이다. 알렌은 명성황후의 친정조카인 민영익을 살려냈을 때에 찾아 올 영광과 함께 활짝 열리는 선교의 문, 그리고 뜨거운 갈채와 환영 등을 알고 있었다. 이러한 기대 속에서 알렌은 헌신을 다해 갑신정변 당시 깊은 상처를 입었던 민영익의 상처를 수술하여 3개월 만에 완쾌시켰던 것이다.

당시 선교사들은 알렌이 민영익을 치료해 준 사건에 관해 이렇게 언급했다.[91]

> "우리는 믿습니다. 전능하신 하나님의 경륜으로 말미암아 그와 그의 치료가 이 백성들을 준비시켜 복음의 말씀을 받아들이도록 한 것입니다. 이것은 곧 하나님의 섭리이며 그 성령의 지도하신 결과입니다. 알렌의 공로는 바로 이 섭리에 따른 데 있는 것입니다."

요컨대 알렌이 보여준 성공적인 서양의술로 인해 미국선교사들과 한국왕실은 두터운 친분관계를 맺게 되었으며, 이후 한국으로 입국하는 선교사들은 커다란 장애 없이 선교활동을 전개할 수 있었다.

이후 한국 정부는 미국인을 좀 더 신뢰하게 되었고, 더 많은 의사가 한국에 들어오길 바랬다. 이에 장로교 선교부에서 왕실을 돌볼 의료선교사를 더 많이 보내기 시작했다.[92]

---

90) 한국기독교역사연구소, 『한국기독교의 역사』 1, 185-186쪽.
91) 한규원, 『개화기 한국기독교 민족교육의 연구』, 국학자료원, 1997, 49쪽.
92) 캐서린 안, 앞의 책, 181쪽.

국왕은 공개적으로 개신교 선교사의 친구로서 행동했으며,[93] 알렌은 갑신정변 때 연루되었다가 처형당한 홍영식의 집을 고종으로부터 하사받아 광혜원(곧 제중원이라 개칭됨)이란 병원을 세웠다. 한국에서는 처음 보는 서양의 근대식 병원이었다. 이 병원은 의료기관으로서 뿐만 아니라 다른 선교사업을 위해서도 훌륭한 전초기지 역할을 했다. 즉 병원은 선교사들이 민중들을 만날 수 있는 좋은 중개소였던 것이다.[94]

제중원에 대한 한국정부의 지원은 대단했다. 1885년 5월에는 전에 선혜청에서 혜민서, 활인서 두 기관으로 보내던 쌀과 돈, 포목 등의 재정은 제중원에 보내도록 귀속되었다.[95]

국왕에 의해 인정받은 이 병원을 통해 다른 선교사들도 훨씬 쉽게 선교활동에 착수할 수 있었다. 이 병원은 1894년 에비슨에 의해 운영되다가 미국인 실업가 세브란스의 건축기금으로 남대문 밖에 새 건물을 마련하게 되어 오늘의 세브란스병원으로 발전하게 되었다.[96]

알렌과 헤론 등 미국 북장로회 선교사들이 제중원을 중심으로 하여 의료선교를 하고 있을 때, 같은 시기에 한국에 입국한 미국 북감리회에서도 의료 선교사를 파견하여 서울에 병원을 개설했다. 미 북감리회는 민간병원인 시병원을 세워 제중원보다는 대중적인 기반을 넓히는 데 힘썼다. 입국 초기에 제중원을 도왔던 스크랜턴이 그 책임을 맡고 있었다.[97]

---

93) H.G. 언더우드(이광린 역), 『한국개신교수용사』, 일조각, 1997, 추천사.
94) 한국기독교역사연구소, 『한국기독교의 역사』 1, 194-195쪽.
95) 이만열, 『한국 기독교 수용사 연구』, 두레시대, 1998, 257쪽.
96) 한국기독교역사연구소, 『한국기독교의 역사』 1, 194쪽.
97) 이만열, 『한국 기독교 수용사 연구』, 259-260쪽.

알렌은 고종의 시의(侍醫)로 궁정을 출입하면서 고종과 명성황후의 절대적인 신임을 얻었으며, 의료선교사로서뿐 아니라 한미공사관 서기관 내지 공사 그리고 경제외교관으로 활약하면서 한국의 정치에 깊이 관여했다.

한국정부는 1887년 6월 29일 청국의 간섭으로부터 벗어나기 위해 일본 이외의 제3국에 의한 거중조정의 역할을 미국에 기대하면서 알렌의 권고에 따라 주미공사단을 미국에 파견했다. 당시 한국정부는 미국을 첫째, 한국과 거리가 멀어 내국 침입이 심하지 않을 것이다. 둘째, 부자나라이기 때문에 물질적으로 차관의 덕을 볼 것이다. 셋째, 종교지상주의국가이니 도덕을 존중할 것이기 때문에 모욕과 야심이 적을 것이다. 넷째, 서양문명을 배워오고 지도를 받는데 유익하고 편리한 나라일 것이다. 이러한 이유로 미국에게 전적으로 의지하려 하였고, 미국 선교사들을 우대했던 것이다.[98]

한편 처음 5년간 한국에 온 의료선교사의 절반 이상이 여의사였다. 여성 의료선교사들이 들어간 최초의 한국인 가정은 명성황후가 기거하는 왕궁이었다. 한국정부에서 미국인 선교사들에게 제일 처음 부탁한 일이 명성황후를 돌볼 여의사를 보내달라는 것이었다. 친족이라도 남자는 명성황후를 보거나 만질 수 없었다. 따라서 명성황후는 모두 남자뿐인 의원들에게 적절한 의료서비스를 받을 기회가 없었다. 한국왕실로부터 요청을 받은 장로교 선교사들은 여성 의료선교사를 보내달라고 선교부에 요청했다. 이에 대한 응답으로 1886년

---

98) 김행선, 「친미 친로파로서의 이완용 연구」, 고려대학교 교육대학원 역사교육전공 석사학위논문, 1984, 2-14쪽; 이호운, 『한국교회초기사』, 대한기독교서회, 1970, 68쪽.

한국에 파송된 첫 번째 여성 의료선교사는 애니 엘러스였다.[99]

장로교의 애니 엘러스는 명성황후의 시의직을 맡아 보게 되었고, 엘러스의 사임 이후에는 언더우드의 부인인 릴리어스 호튼이 명성황후 시해 때까지 계속 그 높은 지위에 머물러 있었다.[100] 첫 만남부터 서로 호감을 가졌던 릴리어스 호튼은 명성황후를 굉장히 높이 평가했으며, 기품있는 인물로 묘사했다. 릴리어스 호튼이 언더우드와 결혼하게 되었을 때 명성황후는 결혼선물로 현금 백만 냥을 포함하여 많은 선물을 하사했다. 또한 명성황후의 척족이자 당시 병조판서로 있던 민영환을 결혼식에 참석하게 하는 등 각별한 관계를 유지했다.[101]

한번은 명성황후가 심한 복통을 앓기 시작했을 때 호튼의 정성어린 치료와 현대의술로 명성황후가 회복되자 호튼에 대한 신뢰는 더하여 갈 수 있었다. 이를 계기로 선교사들의 선교활동과 노방 전도까지 허용되었다. 릴리어스 호튼이 명성황후를 진찰하고 처방전을 써주고 대궐에서 나올 때면 명성황후가 하사한 푸짐한 선물들, 먹을 것들을 받아 나오곤 했다. 축제일이면 언더우드 가족은 왕실에서 숨이 막히도록 놀랄 정도의 다양한 선물들을 받게 되었는데 품목도 다양했다. 그것은 병원 및 학교의 공직자로서의 언더우드에게 주어진 몫과 왕비의 의사로서 릴리어스 호튼에게 주어진 몫이었다. 이들은 이 풍부한 선물들을 다른 선교사들과 한국인 친구들과 나누고, 심지어 호튼은 명성황후에게서 받은 진귀한 물품들을 시카고의 가족들에게 보내기도 했다.[102]

---

99) 캐서린 안, 앞의 책, 182-183쪽.
100) 민경배, 『한국기독교회사』, 연세대학교 대학출판문화원, 2017, 220쪽.
101) 정미현, 『릴리어스 호튼 언더우드』, 연세대학교 대학출판문화원, 2015, 59-61쪽.
102) 위의 책, 65-66쪽.

이처럼 장로교 여의사 두 사람은 한국왕실의 신임을 얻어 선교사역의 초석을 놓는데 이바지했다. 다른 아시아 국가와 달리 한국에 온 선교사들은 일찌감치 한국정부의 신뢰와 지원을 얻는 데 성공했다.[103]

왕비는 선교사들을 궁궐로 초대하여 모두에게 겸손하고 호의적이었다. 그리하여 선교사들은 왕비에게 복음의 메시지를 이야기할 기회를 갖기도 했다. 선교사들은 왕과 그 아들에게도 그 이야기를 되풀이하여 들려주었으며, 크리스마스트리를 장식해 주고, 크리스마스 이야기를 들려주기도 했다. 더 나아가 왕비는 미국인 교사들을 위해 주택을 짓겠다고 제안하였다. 그리고 왕비는 건물을 짓는 데 3만 달러, 일 년 운영경비로 2만 내지 3만 달러를 준비했다.[104]

언더우드는 왕의 생신을 기념하는 그리스도인들의 기도 및 찬양 집회를 열었다. 건물 안에 사람들이 꽉 들어찼으며, 건물 밖에도 온갖 계급과 연령과 지위의 사람들이 긴 행렬로 빽빽하게 둘러 차 있었다. 건물 안에서의 예배는 기도로 시작되었고 그 다음에 신앙적인 연설이 행해지고 찬송가도 부른 다음, 마지막으로 모두 한 목소리로 주기도문을 외움으로써 끝을 맺었다.[105]

이전의 어떤 사건도 이만큼 기독교를 선전해 준 일은 없었다. 이때 불린 찬송가의 내용은 다음과 같다.[106]

"당신의 전능하신 힘으로
우리 국왕 폐하는 왕위에 오르셨습니다.

---

103) 캐서린 안, 앞의 책, 186쪽.
104) L.H.언더우드(이만열 옮김), 앞의 책, 156쪽.
105) 위의 책, 172-174쪽.
106) 위의 책, 172-173쪽.

당신의 성령께서 우리나라를 지켜주시며,
당신이 붙들어 국왕으로 만수무강케 하옵소서.(3절)

조물주요 하늘의 왕이신 유일하신 주님 당신께
우리는 찬양을 드립니다. 모두가 당신께 경배드릴 때,
당신의 웃음 밑에서 우리나라는 행복해질 것이며,
부강하고, 자유로워질 것입니다.(5절)"

글을 아는 모든 사람은 그 찬송가를 읽어보고, 글을 모르는 다른 사람들에게도 읽어주었다. 이것을 읽어본 사람들은 기독교가 충성을 권장하며 하나님은 한 분밖에 안 계시고, 오직 그 하나님을 섬김으로써만 번영이 온다는 사실을 알게 되었다. 이로써 기독교가 전국으로 알려지고 호의적으로 선전되었다. 이 모임을 통해 수천 명의 사람들이 복음에 귀를 기울이게 되었으며, 그것에 대해 더 알고 싶어 했다. 기독교는 선하고 충성스러운 교리를 가지고 있어 한번 생각해 볼 만하며, 훌륭한 사람들도 그것을 효과적으로 생각하고 있다는 소문이 퍼져나갔다. 그리고 이 일을 통해 황해도에 가장 번창하는 편에 속하는 한 교회가 탄생하게 되었다. 행주교회가 콜레라 퇴치사업의 산물이었던 것처럼 은율교회는 이 국왕 탄신기념식에서부터 시작되었던 것이다.107)

고종은 교계 지도자인 윌리엄 닌데라는 노(老)학자가 내한했다는 말을 듣고, 그를 만나 종교에 대한 이야기를 나누길 원하여 만나기도 했다. 이 일은 기독교 선교 사역에 큰 도움이 되었으며, 한국인들

---
107) 위의 책, 173쪽.

은 자신의 국왕이 예수 교리에 반감이 없음을 알고 교회 다니는 것에 더 큰 자유를 얻게 되었다.108)

명성황후가 일본인 폭도들에 의해 시해되던 날 저녁, 두려움과 공포에 휩싸인 고종황제가 침전 밖을 향해 화급하게 외친 말이 있었다. "밖에 기독교인 누구 없느냐?" 그 소리를 들은 선교사 언더우드가 급히 궁궐로 달려왔고, 곧이어 헐버트가 뒤따라와 그날 밤 왕과 함께 지냈다. 의사 에비슨은 고종의 요청으로 황제가 먹는 음식마다 독이 있는지를 살폈고, 언더우드의 부인 릴리어스 호튼은 독살을 두려워하는 고종을 위해 음식을 조리하고 공급했다. 이처럼 고종은 기독교 선교사들로 하여금 왕실을 지키게 했을 뿐만 아니라, 음식에 독약이 들어 있을 것을 염려하여 선교사들이 차려주는 음식만 먹을 정도로 선교사들은 한국정부의 신뢰를 받았다.109)

더구나 명성황후가 일본인에 의해 시해된 이후 아관파천을 후원한 세력은 바로 알렌을 비롯한 미국인 선교사들과 러시아 공사 웨베르였다. 그리하여 당시 1896년부터 1898년까지 불과 3년간에 걸쳐 한국의 민족자본의 형성을 위한 중요한 이권들이 아주 값싼 조건으로 구미열강의 손에 분할 점거 당했으며, 미국은 알렌을 중개인으로 하여 가장 먼저, 가장 많은 고가 이권들을 획득하게 되었다. 그리하여 알렌은 아관파천 이후 한국에 있어서의 미국의 입장에 대해 다음과 같이 서술했다.110)

---

108) 매티 윌콕스 노블(손현선 옮김), 『매티 노블의 조선회상』, 좋은 씨앗, 2010, 82-83쪽.
109) 한규원, 앞의 책, 48-49쪽; 이윤재 목사(분당 한신교회), 「피로 세워진 교회」, 『국민일보』, http://m.news.naver.com (2018.4.5.)
110) 김행선, 앞의 논문, 31-32쪽, 45-51쪽.

"조선에서는 모든 것이 미국 것으로 보였고, 미국의 영향력이 지배적인 것으로 보였다. 이러한 모습은 극동의 다른 외국인 거류지와 비교해 볼 때 정반대의 현상이었다."

선교사들은 미국시민으로서 치외법권적 특권을 가지고 있었으며, 한국정부의 호조(여행증명서)를 얻어 각 지방을 여행하면서 선교활동과 의료활동을 하는 한편 상행위와 각종 이권에도 개입했던 것이다. 알렌은 그의 지위를 이용하여 여러 가지 이권을 미국인 사업가들에게 넘겨주고 뇌물을 받았으며, 언더우드를 비롯한 선교사들도 상행위를 하였다. 언더우드는 한국의 수입품에 영국과 미국의 셔츠, 면직물, 면사, 모사, 석유, 의복, 식량, 목재, 비누 및 설탕이 있음을 주목했다. 그는 1904년 한국의 수입이 880만 달러로 대폭 증가한 것은 새로운 철도부설을 위해 미국으로부터 200만 달러의 자재를 수입했기 때문이라고 하면서, 이를 두고 국가적 긍지감을 느낀다고 했다. 이어서 그는 "그리하여 통상과 교회가 손에 손을 잡고 하나님의 나라를 진전시키고 평화의 왕자이신 그리스도의 교훈을 확장해간다"고 의기양양하게 설파했다. 선교사들의 이러한 사고는 백인우월주의에 의해 미개민족의 문명화가 곧 기독교화이며, 나아가서는 미국화(식민지화)로 진전되어야 한다는 논리에 입각한 것이었다.[111]

이상과 같이 당시 개척 선교사들과 한국정부 간에는 우호적인 관계가 이루어졌으며, 개척 선교사들은 한국정치에 깊이 관여하고, 미국 자본주의의 주구로서의 역할을 하기도 했다. 이는 의료와 교육이

---

111) 이만열, 『한국 기독교 수용사 연구』, 185-186쪽, 195-196쪽.

라는 선교활동을 통해 한국의 문명화를 이룩하여 한국의 기독교화와 더불어 미국화를 기도하는 일이기도 했다. 그리고 양자의 밀착된 관계의 직접적 계기는 바로 서양의술의 성공 때문이었다.

2) 의료와 교육사업

'한국은 메스로 연 나라'라는 표현은 한국 선교가 어떻게 시작됐는지를 설명하는 구절로 초기 선교사들이 자주 사용하던 말이다. 미국인 선교사들이 시작한 의료선교는 보수적인 한국인의 마음을 여는 열쇠였다.[112]

선교사들이 선교활동으로 표방한 것은 바로 의료사업이었다. 그리하여 병원은 교회에 큰 도움을 주었다. 고통과 허약함으로 고생하다 능숙한 치료자들의 친절한 보살핌을 받아 건강을 회복한 많은 한국인들은 하나님의 집과 천국의 문을 찾았던 것이다.[113]

즉 처음 의료사업을 시작하면서 약을 줌으로써 지방 사람들로부터 적지 않게 인심을 얻을 수 있었고, 어느 곳에서나 닫혀진 문을 열 수 있었다. 특히 콜레라가 크게 유행했을 때 선교사와 한국인 조수의 지칠 줄 모르는 헌신, 그리고 훌륭한 치료효과, 여기에 덧붙여 특정한 지역에 배치되어 있던 감사반의 신속하면서도 적시에 보낸 원조로 병에 걸린 사람은 아주 빠른 속도로 회복되었고, 병이 발생한 초기에 매우 효과적으로 병이 널리 번지는 것을 막을 수 있었다. 이러한 의료 선교사업은 나라 안의 빈부귀천 모든 사람들로부터 주목을 받게 되었다. 동시에 사람들 사이에서 "이러한 외국인이 우리

---

112) 캐서린 안, 앞의 책, 181쪽.
113) 윌리엄 그리피스(이만열 옮김), 앞의 책, 232쪽.

들을 사랑하는 것처럼 우리도 우리나라 사람들을 사랑할 수 있을까요? 그것은 무슨 까닭일까요?'라고 하는 말이 나오기까지 했다. 그리하여 의료사업이 시작되면서 의료선교사와 그 동료들은 한국인의 마음을 열 수가 있었다.114)

의료를 통한 선교활동은 발진티푸스와 나병, 마마, 콜레라 그리고 인류를 괴롭히는 모든 운명과 싸움을 벌이는 부단한 전쟁이었다. 외국에서 보는 일반적인 질병 외에 가끔 유행하는 진성 콜레라와 거의 해마다 유행하는 티푸스와 같은 질병 때문에 수천 명이 목숨을 잃었다. 콜레라가 전염할 때에는 1개월간에 수만 명의 희생자가 나온다. 위생법에 대한 지식 부족으로 환자의 사망률은 높고, 천연두와 결핵으로 죽지 않아도 될 사람까지 사망한다. 물론 출생률은 높으나 사망률도 또한 높으며, 그것은 특히 유아의 경우에 그러했다.115)

의료선교사는 모든 인간에게 사랑으로 가득 찬 마음과 친절한 표정으로 가난과 범죄, 무지와 미신이 서로 뒤범벅이 된 고통의 동굴로 들어가는 것이 그의 사명이었다. 그리하여 의료선교사는 사람을 모으는 데 도움이 되었으며, 무지와 비합리성을 파괴하는 것을 돕는 역할을 했다. 의료선교사는 기독교 사상을 갖춘 진보된 세계를 대표하는 사람이며, 그가 없이는 어떤 선교사업도 펼칠 수 없었다. 서구의 의술은 서울이나 국토의 네 끝인 선천, 성진, 부산, 목포에까지도 도입되었다. 여덟 개의 병원과 그 이상의 진료소들이 설치되었다.116)

아펜젤러는 스크랜턴 의료진과 함께 매일같이 수많은 환자들을

---

114) H.G. 언더우드(이광린 역), 앞의 책, 82-85쪽.
115) J.S. 게일(신복룡 역주), 앞의 책, 135쪽; H.G. 언더우드(이광린 역), 앞의 책, 4-5쪽.
116) J.S. 게일(신복룡 역주), 위의 책, 135-136쪽.

돌보았는데, 얼마 동안은 수천 명을 헤아렸다. 의사가 병원에 출근하기도 전에 환자들이 밖에서 누워 기다리는 일도 다반사였다. 환자들 중에는 학질환자가 많았으며, 부주의나 영양부족에서 오는 피부병 환자도 부지기수였다. 경부 림프선에 생기는 결핵인 연주창에 걸린 환자가 찾아오는가 하면, 매독환자도 자주 있었다. 장티푸스나 디프테리아 환자는 별로 없었다. 천연두 같은 풍토병 환자들은 병원에 오지 않았다.117)

어느 날 언더우드가 아침 동도 트기 전에 서둘러 병원으로 가고 있는 것을 길옆에 서서 본 한 품팔이 일꾼이 다른 사람들에게 "이런 시간에 저렇게 급히 길을 가고 있는 저 외국인은 누구요?"라고 묻자, 그 옆에 있던 사람이 "그것도 모르오. 우리를 매우 사랑하기 때문에 밤낮으로 병자들을 돌보며 일하는 예수쟁이 아니오"라고 대답했다.118)

의료사업은 내륙지방에 새로운 선교거점을 확보하는 데도 도움이 되었다. 이들은 지역의 유일한 의사로서 수많은 중병환자를 마음을 다해 보살폈다. 그 과정에서 의료선교사들은 치명적인 질병들, 말라리아, 이질, 수두, 발진열에 노출되었다.119)

요컨대 의료선교사업은 한국정부뿐만 아니라 나라 안의 모든 사람들로부터 주목을 받았다. 그리고 의료선교사들과 그 동료들의 헌신적인 의료활동은 한국인들의 마음을 열고 교회로 향하게 했다.

---

117) 김석영, 앞의 책, 33쪽.
118) L.H.언더우드(이만열 옮김), 앞의 책, 154-155쪽.
119) 캐서린 안, 앞의 책, 34쪽.

한편 학교를 통한 교육선교도 같은 맥락에서 이해할 수 있다. 1885년 4월에 한국에 온 언더우드나 아펜젤러는 목사였지만 한국정부에 대한 공식입장은 교사였다. 둘은 제중원과 정동 진료소 교사로 있으면서 이미 1885년 말에 2,3명씩 학생을 가르치고 있었다. 모두가 영어를 배우러 찾아온 사람들이었다. 본격적인 학교설립은 아펜젤러에 의해 추진되었다. 감리교의 아펜젤러는 이미 1885년 11월에 미국 공사 폴크를 통해 고종으로부터 학교설립 허가를 얻었으며, 1886년 고종은 그 학교의 이름을 지어 그 이름을 적은 현판을 하사했다. 그리하여 유용한 인재를 기르는 학교라는 뜻의 '배재'라는 이름을 얻은 이 학교는 정부의 후원하에 그 웅장한 발걸음을 내딛기 시작했다. 1887년 감리교 본부의 경비와 미국인이 한국에 주는 선물로 지어진 아름다운 벽돌 건물이 봉헌되었다. 이것이 한국 근대교육의 효시인 배재학당의 시작이었다. 이 학교는 문을 열자마자 학생들이 몰려들어 불과 5개월 만에 학생 수가 32명에 이르렀다. 이처럼 학생들이 늘어난 것은 종교적 관심 때문이 아닌 영어를 배워 출세하려는 현실적 목적이었다.[120]

이렇게 빨리 교육을 시작할 수 있게 된 것은, 교육에 대한 한국인의 긍정적인 인식과 한국정부의 관심 및 적극적인 지원 덕이었다. 한국인들은 교육을 위해서라면 자녀를 학교에 기꺼이 보낼 뿐만 아니라, 자신의 집을 학교로 내어주고 싶어 할 정도로 교육에 대한 열의가 있었으며, 아펜젤러의 교육에 대해 호감과 좋은 인식을 가지고 있었다. 마침 한국은 문호를 개방한 때라 영어의 필요성이 재고되었

---

120) 윌리엄 그리피스(이만열 옮김), 앞의 책, 230쪽; 한국기독교역사연구소, 『한국기독교의 역사』 1, 197쪽.

고, 1년도 채 안 된 아펜젤러의 학생들이 관료로 채용되기 시작하면서 그 가치를 더욱 인정받았다. 뿐만 아니라 영어를 잘 하는 것은 '관직에 나가는 지름길'이었고, '벼슬을 얻는 수단'이 되었다.[121]

특히 배재학당은 교육의 기회가 없었던 한국인들에게 서구의 과학과 문학을 배울 수 있는 배움터였으며, 동시에 관직을 얻게 해 주는 소망의 산실이기도 했다. 뿐만 아니라 배재학당은 근대화 운동의 중심지가 되었다.[122]

거의 같은 무렵에 여자학교도 시작되었다. 1885년 5월 31일에 스크랜턴 부인에 의해 시작된 미감리회의 이화여학당과 1887년 6월 엘러스에 의해 시작된 북장로회의 정동여학당이 그것이다. 초창기에 여자학교는 남존여비 사상 때문에 학생모집에서부터 어려운 형편이었다. 그리하여 소외계층 출신들이 학생들이었다.[123]

모든 여성 선교사가 선교 초기에 교육사역으로 선교사역을 시작했다. 그 결과 미국인 여성 선교사들은 한국의 근대교육, 특히 여성과 아동교육의 선구자가 되었다.[124] 감리교의 스크랜턴 부인은 한국에서는 여성들이 교육 받을 기회가 거의 없다는 사실을 인식하고 몇몇 여성을 자신의 집으로 초대하여 교육활동을 펼쳤다. 학생 수는 급격히 늘어났고, 여성을 위한 보다 넓은 교육기관의 필요성을 절감했다. 그리고 여기서 이화여학당이 시작되었던 것이다. 다른 교파들도 앞다투어 신학교를 포함한 여타 다양한 교육기관들을 설립했다.

---

121) 김석영, 『아펜젤러』, 앞의 책, 25-26쪽.
122) 위의 책, 27쪽.
123) 한국기독교역사연구소, 『한국기독교의 역사』 1, 198쪽.
124) 캐서린 안, 앞의 책, 193쪽.

한국의 교회 지도자들뿐 아니라 사회 각계각층의 지도자들이 바로 이런 교육기관에서 배출되어 나왔다.125)

이화여학당은 한국 최초의 여학교로서 불과 수십 년 만에 아시아 최대의 여자대학교로 성장했다. 여성 교육사역은 이후 수년간 한국 여성의 지위를 급격히 변화시키는 강력한 동인이 되었다. 여성 선교사들이 한국에서 과격한 사회개혁과 남녀평등을 기치로 내걸지는 않았지만, 여성교육 자체가 한국의 문화와 사회체제를 거스를 만큼 충분히 급진적이었다. 여성 선교사들은 여자아이들을 교육하고 몸소 모범을 보임으로써 부지불식간에 한국사회에 엄청난 영향을 끼쳤다. 한국여성의 사회적 지위에 급격한 변화를 가져오는 원인이 되었다.126)

이화여학당은 최초의 여학교이자 최고의 여성교육기관으로서 한국에서 기독교 여성 지도자를 양성하는 데 크게 이바지 했다. 개교 50주년을 맞을 무렵 동문 중에는 최초의 여자대학 졸업생, 최초의 의사, 최초의 여성박사가 있었다. 이화여학당 재학생과 동문들은 선도적인 기독교 신자였다. 여자아이와 여성을 위해 서울에 설립된 초창기 기독교 기관들 중 상당수를 이화여학당 학생들과 졸업생들이 조직하고 운영했으며, 1933년에는 한국 YWCA를 조직했다. 이화여학당 재학생과 졸업생들이 조직한 여성기관들과 이들의 활동은 한국에서 개신교가 싹을 틔운 초기 몇십 년간 기독교운동의 대명사가 되었다.127)

교육선교는 서울뿐 아니라 내륙지방을 비롯해서 동남부 지역 및

---

125) 강위조(서정민 옮김), 『한국 기독교사와 정치』, 한국기독교역사연구소, 2005, 54쪽.
126) 캐서린 안, 앞의 책, 193쪽, 203쪽.
127) 캐서린 안, 위의 책, 306-307쪽.

서북부, 특히 평양에 비상한 결과를 불러왔다. 선교사들이 선교거점을 확보한 지 불과 10년 만에 평양은 한국에서 가장 빛나는 교육중심지가 되었다. 1887년부터 1906년까지 몇 년 사이에 미국인 선교사들은 초등학교뿐만 아니라 유수한 학원과 대학도 세웠다. 청일전쟁 후 평양에는 복음전도사역과 교회가 성장함에 따라 초등학교가 극적으로 늘어났다. 1898년에 평양에는 선교사들이 운영하는 남학교가 두 군데, 여학교가 두 군데 있고, 인근 시골지역에 기독교의 영향을 받은 학교가 열 군데 정도 있었다. 그러나 다음 3년 동안 초등학교 숫자가 500개로 증가했다. 평양에 사는 신자들은 초창기부터 이런 초등학교를 재정적으로 후원했다. 학교를 지역차원에서 돕는 것은 한국에서 발견되는 보편적인 특징이었다.[128]

여성 선교사들은 많은 기독교 학교를 세웠고, 이 학교들은 이후 수십 년간 수많은 지도자를 배출하는 기독교 기관이 되었다.[129]

한편 1895년 2월 23일 개신교 선교 10주년 기념식 며칠 전에 한국정부와 왕립학교 담당 선교사들 간에 계약이 체결되었다. 내용은 200명의 왕립학교 학생에게 영어를 가르치기 위해 감리교 미션스쿨에 보낸다는 것이다. 그들은 미션스쿨의 모든 규칙을 준수할 것을 약속했고, 매일 복음과 기도를 들어야 한다는 걸 인지하고 있었다.[130]

그러나 이 같은 현실적 욕구를 갖고 학교에 들어온 사람들 가운데 성경을 읽거나 선교사들의 예배에 참석하는 과정에서 기독교인이

---

128) 위의 책, 321-322쪽.
129) 위의 책, 328쪽.
130) 매티 윌콕스 노블(손현선 옮김), 앞의 책, 82쪽.

된 사람들이 생겨나게 되었다. 1887년 7월 24일에 세례 받은 박중상과 같은 해 10월 2일에 세례 받은 한용경이 그 대표적인 예였다.[131]

서울을 제외한 지방에도 선교부가, 혹은 지역교인들과 합동으로 설립한 기독교 학교들이 계속 늘어났다. 궁극적으로 학교는 한국을 복음화 시키는 도구였다.[132]

한편 1905년 을사늑약이 체결된 이후 1910년 망국 직전까지 애국계몽운동이 전개되었다. 이 운동은 가장 확대된 근대민족국가수립운동이었으며, 이 시기에 전개된 교육구국운동은 그 강력한 수단이었다.

학교 및 학회에서 이루어지는 교육은 새로운 사회로 나아가는 변화의 출구였다. 그래서 플라톤은 그의 저서인 『국가』에서 논하기를 "교육이란 맹인의 눈에다 갑자기 밖으로부터 시력을 심어 놓는 기술이 아니라, 처음부터 시력을 가지고 있지만 다만 그 방향이 옳지가 않고, 보아야 할 방향을 보고 있지 않기 때문에 그를 위해서 그렇게 하도록 바로 잡아주는 기술이다"라고 했다. 요컨대 교육의 기능이란 미래로 나아가기 위한 방향전환을 위한 시력교정이라고 주장했던 것이다.[133]

교육은 한국인이 가지고 있는 야심의 제일가는 목표이며 목적이었다. 재산이나 벼슬보다 그들은 장학금을 열망했다. 유식하게 되어 한자의 점이나 획을 읽을 수 있는 것이 그들이 존재하는 이유의 모든 것이기도 했다. 그리하여 한국인들은 굉장한 교육열을 가지고 있었다. 모든 공공모임에서는 교육이 언급되고 있었으며, 교육에 관해

---

131) 한국기독교역사연구소, 『한국기독교의 역사』 1, 197쪽.
132) 위의 책, 198쪽.
133) 김행선, 『한국근현대사 강의』, 선인, 2012, 179-180쪽.

이야기할 때면 모든 사람의 눈이 빛났다. 학교가 곳곳에 세워졌다. 다른 사람들의 복지를 위해서는 한 푼도 써보지 않은 구두쇠들도 교육을 위한 기금에는 수천 냥을 선불했다. 지식에 대해 이토록 심하게 느끼는 갈증을 전에는 본 적도 없었으며 오늘에 이르기까지 주목받지도 못했던 것이다. 이곳에서 일어나고 있는 상황은 프랑스 혁명과 같은 것도 아니고, '창(槍)의 축제'도 없으나 그것은 혁명이며 낡은 족쇄와 발의 쬠쇠를 벗어던지는 것이었다. 동양에서 그와 같이 녹슨 굴레를 파괴하는 것을 전에는 결코 보지 못했다.[134]

당시 이북지역에서 활동하고 있던 선교사는 당시의 상황을 이렇게 보고하기도 했다.[135]

"우리는 지금 교육혁명의 진행 중에 처해 있다. 기독교나 비기독교 기관을 막론하고 학교들이 하루 밤새에 생기곤 한다. 관찰사가 학교를 시작하고, 군수가 학교를 세우고, 면장이 학교를 시작하고, 동장이 학교를 세우고 있다…교육이념이 크게 달라지고 초빙하는 교원형도 변해지니 구식 서당의 위신이 떨어지고 한문과 서양과학의 지식을 겸비한 선생들만이 자리를 차지하게 되어 있는 현상은 참 흥미 있는 일이다."

특히 조국이 일제의 침략에 의해 멸망해가는 위기 앞에서 한국인들은 교육구국운동을 전개했다. 국권회복을 목적으로 "배워야 산다", "배우는 것이 힘이다"라는 기치 아래 민족의 정신을 고취시키기 위해 설립된 사립학교 수는 1907년부터 1909년 4월까지 짧은 기간에

---

134) J.S. 게일(신복룡 역주), 앞의 책, 110쪽, 112-114쪽.
135) 백낙준, 『한국개신교사』, 연세대학교 출판부, 1985, 410쪽.

무려 3천여 개에 달했다. 일제 통감부는 이러한 교육구국운동의 교육열에 놀라 1908년 8월 사립학교령을 제정·공포하여 탄압을 획책했지만 이러한 조건 속에서도 1909년 11월까지 일제가 정한 조건(높은 시설기준, 학부대신의 심사와 재인가)에 따라 인가를 받아낸 사립학교는 모두 2,250교에 달했다. 그중 한국인에 의해 설치된 민족주의적 사립학교는 1,402교에 달했다.[136] 1905년 국권상실 이후 1905년부터 1910년까지 한국인이 설립한 사립학교는 보성학교, 청산학원, 양정의숙, 휘문의숙, 현산학교, 중동학교, 보창학교, 경성중학교, 진명학교, 숙명학교, 동덕여자의숙, 대성학교, 오산학교 등이 대표적이다.[137]

신민회 자체가 설립한 대표적 학교는 오산학교, 대성학교 등을 비롯해서 전국에 다수가 있었다. 신민회 시절 이동휘 한 명이 세운 학교만도 전국에 100여 개가 되었다.[138] 그리고 1885년부터 1909년까지 설립된 기독교계 학교의 교파별 통계를 보면 장로교 719교에 학생수 17,231명이고, 감리교가 200교에 학생수가 6,423명에 이르고 있으며, 이밖에 성공회나 천주교 및 안식교 등의 것을 합하면 학교 수는 1,000여 교에 달했다.[139] 선교사 경영의 기독교계 학교의 비중이 높아지면서 1910년 8월 합방 직후 데라우치(寺內) 총독은 최초의 시정연설에서 "사립학교 중 대부분은 선교사의 경영인데 생도수가 20만을 넘으니 보통학교의 수보다 훨씬 많다"고 지적하기도 했다.[140]

---

136) 김종희,「교육구국운동과 기독교 학교」, 연세대학교 교육대학원 도덕 및 종교교육 석사학위논문, 1985, 25-27쪽.
137) 김행선,『한국근현대사 강의』, 181쪽.
138) 신용하,『한국근대의 민족운동과 사회운동』, 문학과 지성사, 2001, 129-130쪽.
139) 민경배,『한국기독교회사』, 2017, 269쪽.

1905년 평양에서는 북장로교와 감리교 선교사들에 의해 최초의 대학교육이 시작되었다. 그리고 1906년에 학생 12명으로 대학부가 시작되었다. 연합기독대학의 시초였다. 나중에 이 기관은 숭실대학이 되었다. 또한 광혜원을 모태로 하여 세브란스 병원이 루이스 세브란스로부터 돈을 후원받아 1904년 9월에 문을 열었고, 한국인 학생 12명을 대상으로 1905년에 7년제 의대교육을 시작했다. 바로 세브란스연합의과대학이다.[141]

1885년부터 1909년까지 설립된 중요 기독교계 사립학교를 도표로 보면 다음 〈표 3〉과 같다.[142]

이러한 학교설립의 급증현상은 물론 선교사들의 헌신적인 노력을 무시할 수 없지만, 그 보다 더욱 중요한 사실은 당시 새로운 사회와 새로운 인생을 꿈꾸던 젊은이들의 야망과 이상, 더 나아가 '배워야 산다'는 의식과 '배워야 나라의 자주독립과 부국강병을 이룩할 수 있다'는 한국인의 의지를 반영한 것에 다름 아니었던 것이다.[143]

이들 신식학교들은 서구적 학습의 또 다른 통로가 되었다. 선교사들에 의한 교육사업은 서양의 자유·민주주의를 한국사회에 심어 주는 계기가 되었고, 특히 기독교의 사랑과 평등사상의 침투로 한국사회의 봉건적 윤리관과 가치관이 크게 변화했다. 그중에서 금주, 금연, 미신타파, 남녀평등, 일부일처제, 의식주의 간소화 등은 국민의 사회생활에 일대 혁신을 불러 일으켰다.[144]

---

140) 김종희, 앞의 논문, 59-60쪽.
141) 캐서린 안, 앞의 책, 39쪽.
142) 민경배, 『한국기독교회사』, 2017, 267-268쪽.
143) 김행선, 『한국근현대사 강의』, 183쪽.

〈표 3〉 1885년~1909년까지 설립된 중요 기독교계 사립학교

연대	학교명	교파	소재지
1885	광혜원	장로교, 감리교	서울
1885	배재학당	감리교	서울
1886	이화여학당	감리교	서울
1886	경신학교	장로교	서울
1887	정신여학교	장로교	서울
1894	정의여학교	감리교	평양
1894	광성학교	감리교	평양
1894	숭덕학교	감리교	평양
1895	일신여학교	장로교	동래
1895	정진학교	감리교	평양
1896	공옥학교	감리교	서울
1897	영화여학교	감리교	인천
1897	숭실학교	장로교	평양
1897	신군학교	감리교	서울
1898	명신학교	장로교	재령
1898	배화여학교	감리교	서울
1898	맹아학교	감리교	평양
1901	평양신학교	장로교	평양
1903	숭의여학교	장로교	평양
1903	정명여학교	장로교	목포
1903	루씨(원산)여학교	감리교	원산
1904	호수돈여학교	감리교	개성
1904	덕명학교	감리교	원산
1904	의창학교	감리교	해주
1904	진성여학교	장로교	원산
1905	영명학교	감리교	공주
1906	미리흠여학교	감리교	개성
1906	한영학교	감리교	개성
1906	계성학교	장로교	대구
1906	보성여학교	장로교	선천
1906	의명학교	안식교	순안
1906	신성학교	장로교	선천
1907	수피아여학교	장로교	광주
1907	약현학교	천주교	서울
1907	신명여학교	장로교	대구
1907	기전여학교	장로교	전주
1908	창신학교	장로교	마산
1908	신흥학교	장로교	전주
1909	의정학교	감리교	해주

그리고 기독교 학교의 교육이념은 박애주의, 평화주의, 평등주의, 자유주의였다. 배재학당의 설립 목적 및 교육의도에 관해 아펜젤러는 "우리는 통역관을 양성하거나 우리 학교의 일꾼을 기르려는 것이 아니라 자유의 교육을 받은 사람을 내보내려는 것이다"라고 말했다. 특히 경신학교 쿤스 교장은 취임과 더불어 그 설립이념을 심사숙고한 결과 자유, 평등, 박애정신에 두었다.145)

한편 한국 역사상 최초의 해외 공산당 조직이었던 한인사회당 당수 이동휘는 군인출신으로 을사늑약 체결 당시 강화유수로 있었으나 관직을 벗어 던지고 기독교로 입교한 이후 청소년 세대를 위해 교육운동에 전력했다. 그는 강화도에 학교를 설립하고 학생들의 신체훈련에도 힘썼다. 그는 부모들을 향해 "교육만이 한국의 남은 희망"이라고 하면서 자녀교육에 더 관심을 가져달라고 호소했으며, 자녀들을 자기 학교로 보내고 식량만 부담해 주면 자기는 기숙사와 수업을 무료로 제공하겠다고 말하기까지 했다. 특히 그는 그와 뜻을 같이 하던 유지들과 함께 학교 교육과정에서 학생들에게 교련과 체조를 가르쳐 일종의 군사교육을 시키기도 했다. 그리고 이때 교련을 가르친 선생님들은 바로 일제에 의해 강제로 해산당하여 각 지방으로 흩어졌던 한국인 군인들이었다. 해산당한 군인들이 각 지방의 사립학교에서 교련을 가르치게 되어 군인이 더 증가했다는 말이 그 당시 유포되기도 했다.146)

그리고 보다 적극적으로 학생들은 비밀결사를 조직해서 비밀리에

---

144) 위의 책, 183쪽.
145) 위의 책, 184쪽.
146) 백낙준, 앞의 책, 342-344쪽.

민족독립을 위한 실력을 배양했으며, 또한 기존 비밀애국단체에 가입하여 직접 민족운동의 선봉에 서기도 했고, 때로는 해외로 망명하여 민족혼을 계속 배양하기도 했다.147)

이상과 같이 개항 이후 개신교가 급속하게 성장하게 된 까닭 중 하나는 개척 선교사들과 한국정부와의 두터운 친분관계였는데, 그 통로는 바로 교육과 의료사업이었다. 개척 선교사들의 한국 선교활동은 학교와 병원을 통한 간접선교방식이었다. 특히 미국선교사들과 미국에 대한 한국정부의 기대와 신임은 두터웠다. 미국선교사들은 한국정치에 깊이 관여하고 있었으며, 치외법권이라는 특권을 가지고 선교활동을 하면서 상행위와 각종 이권에 개입하여 미국 자본주의의 이익을 추구하고, 한국의 문명화를 통해 한국의 기독교화와 미국화를 기도하였다.

그러나 또 한편으로 선교사들의 의료선교사업은 모든 한국인으로부터 주목을 받았으며, 이들 의료선교사들과 한국인 조수들의 헌신적인 의료활동과 훌륭한 치료효과는 결국 한국인들을 교회로 인도하였다. 특히 의료선교사들은 기독교 사상을 갖춘 문명세계를 대표하는 사람들로서, 병원은 의료기관으로서 뿐만 아니라 선교사업과 한국의 문명화를 위한 훌륭한 전초기지 역할을 했다.

또한 한국인들은 교육에 대한 열의가 있었기 때문에 선교사들의 교육사업에 호감을 갖게 되었고, 영어를 배워 벼슬길을 얻기 위해 기독교에 입교했다.

---
147) 김종희, 앞의 논문, 25-26쪽.

특히 을사늑약의 체결로 애국계몽운동이 전개되면서 국권회복을 목적으로, '배워야 산다', '배우는 것이 힘이다'라는 기치 아래 교육구국운동이 전개되었으며, 그 결과 짧은 기간 내에 많은 사립학교가 세워졌고, 선교사들이 경영하는 많은 기독교계 학교가 세워졌다. 그리하여 학교는 한국을 복음화시키는 도구였다. 이는 바로 교육혁명이었으며, 이를 통해 서양의 자유민주주의가 한국사회에 수용되는 계기가 되었고, 기독교의 사랑과 평등사상의 침투로 한국사회의 봉건적 윤리관과 가치관이 크게 변화했으며, 기독교가 성장하는 요인이 되었다.

(4) 해외선교지원과 한국인의 헌신

개신교 해외선교단체의 물적·인적 지원이 한국에서의 개신교 성장의 밑거름이 되었다고 볼 수 있다. 더 나아가 부강한 미국의 선교사들이 한국에 왔기 때문에 개신교가 급속히 성장할 수 있었다.[148]

미국 개신교 선교부에서 한국 선교를 결정하면서 한국에 선교사들을 파송했던 시기는 바로 미국 내에서 부흥운동이 일어나던 시기였다. 미국에서는 18세기 말에 대각성운동이 일어났고, 거기에 따라 일련의 종교적 열정으로서 해외선교열이 고조되었다. 제2차 대각성운동은 여러 교단에서 선교회를 창립케 했고, 기독교대학과 신학교를 설립하는 데에 큰 자극을 주었다. 남북전쟁 후에는 부흥사 무리가 나와 부흥운동을 주도했다. 1880년대에 이르러 신학교 학생들 사

---

148) 전용복,『한국장로교회사』, 성광문화사, 1995, 37쪽.

이에 선교부흥운동의 열기가 치솟아 전국신학교 선교사동맹이 결성되기도 했다. 한국에 왔던 초대 선교사들 중에는 이 운동에 자극받아 해외선교에 뜻을 세웠던 사람들이 많다. 선교사들이 한국에 건너오던 19세기 말은 미국이 대아메리카를 구상하면서 해외진출을 기도하던 시기였다. 그리고 이러한 해외진출의 한 과정으로서 세계 각지에 선교사를 파견하는 현상도 나타나게 되었다. 따라서 이때의 선교는 미국의 대외팽창주의와 관련되면서 백인우월주의에 입각한 기독교 문화의 전파라는 측면도 무시할 수 없다.149)

아펜젤러는 서울 서부의 한 장소를 선택해서 그곳 주민의 집을 사서 깨끗이 청소하거나 고쳐서 선교활동을 위해 계속 사용할 생각이었다. 그리고 그는 "우리는 이 서울의 한 끄트머리를 조그마한 미국으로 만들 작정이다"라고 말했다.150)

한국은 미국 개신교회에서 개척해야 할 마지막 선교지 중 하나였다. 그리고 한국선교는 이 시기에 가장 크게 성공한 사례로 꼽힌다.151)

특히 19세기를 거치면서 미국의 복음적 개신교는 국가의 기간이 되는 중산층의 사회적·정신적·경제적 이데올로기를 떠받치고 있었다. 그리고 대부분의 선교사들은 중산층 집안의 자녀들이었다. 가난한 하층민 가정의 젊은이들은 선교사가 되고 싶어도 될 수 없는 구조적인 난관들이 있었다. 그중에서도 가장 두드러진 것은 선교사가 되기 위해서는 대학교육을 받아야 한다는 자격여건이었다. 그런데 당시 미국에서 대학교육은 사실 중산층과 그 이상의 계층 사람들

---

149) 한국기독교역사연구소, 『한국기독교의 역사』 1, 174-175쪽.
150) 윌리엄 그리피스(이만열 옮김), 앞의 책, 120쪽.
151) 캐서린 안, 앞의 책, 25쪽.

이나 받을 수 있는 특권이었다.[152]

　한국에 파송된 남녀 선교사들은 19세기 후반 미국의 해외선교에 엄청난 노력을 쏟아 붓던 시대의 선교열정에 고무된 사람들이었고, 무디와 같은 지도자들에게 깊은 영향을 받았다. 미국의 해외선교운동에서 인상 깊은 특징은 여성들이 적극 참여했다는 점이다. 미국의 북부교단 출신 여성 선교사 중에서 1884년에서 1905년 사이에 한국에 온 선교사는 대부분 중서부 도시와 마을 출신이었으며, 대략 중산층이었다. 이들 중에 신학교와 대학 졸업자가 많았다.[153]

　한국에 온 여성 선교사들은 미혼과 기혼을 막론하고 대부분 20-30대 젊은 여성이었다. 물론 그중에는 나이가 든 여성도 있었다. 이들이 선교 사역에 기울인 노고와 공헌은 지대했다. 북감리교 선교부 소속 메리 스크랜턴, 남감리교 선교부 소속 조세핀 캠벨은 한국 여성 사역의 선구자이자 기둥 같은 존재였다. 이 시기에 200명이 넘는 미국 여성이 한국에 왔다.[154]

　한편 한국에 온 미국 선교사들 중 일부는 여러 가지 경제적 이권에 개입하거나 미국 자본주의가 만든 물건을 소개하고 판매함으로써, 아니면 대부분의 선교사들이 그러했던 것처럼 자본주의적 노동관과 재산관을 한국에 전함으로써 자신들이 자본주의 정신의 신봉자라는 것을 드러내었다. 따라서 선교사가 미국의 상업적 진출에 도움이 된다는 점을 많은 선교 옹호론자들이 즐겨 강조했다는 점은 놀라운 일이 아니다.[155]

---

152) 류대영, 『초기 미국 선교사 연구』, 한국기독교역사연구소, 2001, 45-47쪽.
153) 캐서린 안, 앞의 책, 49쪽, 53-54쪽.
154) 위의 책, 63-65쪽.

이처럼 한국에 파견된 미국 선교사들은 미국의 대외팽창주의와 관련해서 기독교 문화를 전파하고 동시에 미국의 자본주의 진출에 직·간접적으로 도움을 주었다.156)

그러나 한편으로는 미국이 아시아에 남긴 자취는 유럽이 남긴 자취와는 다른 점도 있었다. 그것은 정복과 전쟁과 경제적 착취만이 아니라, 대학과 약국과 병원과 학교와 교회이며, 또 교사와 헌신적인 선교사의 자취이기도 했다.157)

이 무렵 한국 선교를 위한 노력은 여러 방면에서 시도되고 있었다. 한국에 가까운 중국과 일본에 파견된 미국계 선교사들이 본국 선교본부에 한국선교의 필요성과 방법을 강조하고 있었다. 이들은 의료와 교육을 통한 한국 개척선교가 전망이 밝다고 강조했다. 특히 선교본부를 움직인 것은 선교의 필요성을 강조한 교계언론이었다. 감리교회에서는 기관지인 『The Christian Advocate』와 해외선교부의 기관지인 『The Gospel in All Lands』의 공헌이 컸다. 이들은 한국선교의 필요성을 강조하는 한편 선교사들의 호소문도 게재했다. 이에 호응하여 선교를 위한 헌금이 답지했다.158)

선교사들에게 다가오는 최고의 압박과 고통은 뭐니 뭐니 해도 선교비 문제였다.159) 선교활동을 하는 동안 차츰 자금이 고갈되어 초기 선교사들은 하나님께 끊임없이 기도했고, 해외 선교단체 및 친구들이나 부모님에게 도움의 손길을 요청했다. 아펜젤러나 언더우드

---

155) 류대영, 『초기 미국 선교사 연구』, 212-213쪽.
156) 위의 책, 214쪽.
157) 윌리엄 그리피스(이만열 옮김), 앞의 책, 231쪽.
158) 한국기독교역사연구소, 『한국기독교의 역사』 1, 176쪽.
159) 김석영, 앞의 책, 140쪽,

같은 선교사들은 모국을 방문하여 해외 선교단체에 대해 재정지원을 호소했다.

우선 한국의 개신교 선교사업은 초창기부터 성경번역 출간에 따른 인적·물적 지원을 받았다. 즉 1882년 9월 두 복음서 출간에 따른 인쇄비를 대영성서공회가 부담하면서부터 만주의 성서사업은 스코틀랜드 성서공회로부터 대영성서공회로 넘겨졌으며, 이로써 1883년 한국은 대영성서공회의 북중국지부 활동구역에 편입되었다. 그리하여 로스는 번역된 성서원고를 영국 런던의 본부로 보내어 공인을 받은 후에 출판하는 형식을 취했다.160)

언더우드는 한국에 도착한 지 일 년 남짓 되어 아펜젤러와 공동작업으로 마가복음의 임시 번역판을 출판했다. 그는 처음부터 성경을 번역·출판·보급하는 데 열성이어서, 아주 빠른 시기에 상임성서실행위원회를 조직했다. 이 위원회는 여러 선교회의 대표자들로 구성되었다. 위원회는 산하의 번역위원회를 통하여 번역사업을 지도하고 통제했으며, 성서공회 사람들의 도움을 받아 인쇄와 출판을 지도했다. 언더우드가 미리 본국의 성서공회에 서신을 띄워 놓았기 때문에, 공회 사람들이 그를 돕기 위해 한국으로 왔다.161)

중국과 일본으로부터 한국의 선교사업을 돕기 위한 노력이 있었고, 영국성서공회와 미국성서공회 및 스코틀랜드 전국성서공회로부터 귀중한 원조를 받았다. 이 기관들은 언제나 기꺼이 성서를 인쇄하고, 배포하며, 서로 힘을 합하여 성서번역에도 힘을 썼다.162)

---

160) 한국기독교역사연구소, 『한국기독교의 역사』 1, 151쪽.
161) L.H.언더우드(이만열 옮김), 앞의 책, 57-58쪽.
162) H.G. 언더우드(이광린 역), 앞의 책, 100쪽.

더 나아가 언더우드는 1888년 조선성교서회를 설립할 것을 제안하고, 토론토 전도문서회, 미국 전도문서회 그리고 런던 전도문서회에 재정 지원을 호소했다. 그 결과 이 기관들이 소규모로 책을 출판하는데 필요한 자금을 지원할 것을 동의하여 1889년에는 비록 그 기관들로부터 정기적인 지원을 받는 것이긴 하지만, 조선성교서회는 자체의 관할권을 가지고 조직될 수 있었다.163)

또한 언더우드는 수차례 모국을 방문하여 한국선교의 필요성을 역설하고 그 지원을 호소했다. 예를 들어 미국을 방문하는 동안 언더우드는 내쉬빌의 학생회의에서 연설을 한 후, 버지니아와 노쓰 캐롤라이나를 거치는 여행을 하였다. 1891년 10월, 테네시주 내쉬빌에서 열렸던 전국신학교 선교사동맹 대표들은 언더우드와 당시 맨더빌트 대학의 학생이었던 윤치호의 한국에 대한 연설에 깊은 감명을 받았다. 이들 중에는 한국에 관한 책을 읽기 시작했으며, 매일 기도와 회의를 위한 모임을 가진 이들도 있었다. 언더우드는 버지니아와 캐롤라이나의 주요한 교회들을 여행하면서 선교지로서의 한국에 대한 관심을 깨우칠 계획을 가졌는데, 때때로 교회신문에 그에 관한 기사가 실렸다. 그리고 총회와 여성분과에서 수많은 연설을 하고, 또한 뉴욕과 브루클린의 모든 주요한 장로교회에서 연설을 하여 선교지로서의 한국에 대한 그들의 관심을 심화시켰다. 더 나아가 언더우드는 보스톤, 시카고, 필라델피아, 워싱톤 등의 여러 큰 도시를 돌아다니며 강연을 했다. 그 결과 뉴욕에 사는 존 언더우드는 선교회 개설 비용을 부담할 것을 제안했으며, 선교부로 보낼 많은 돈들이

---

163) L.H.언더우드(이만열 옮김), 앞의 책, 57쪽.

모아졌고, 한국과 한국인에 대해서도 깊은 관심이 일어나게 되었다. 아울러 네 사람의 젊은이가 한국에 가겠다고 신청하기도 했다. 한 부유한 사람은 자신이 이전에는 외국 선교에 관심을 가지지 않았으나 이제는 정기적으로 돈을 내겠다고 하면서 많은 돈을 보내왔다. 언더우드의 형도 찬송가 출판비용을 보내주었다.164)

언더우드는 1907년 초반 유럽에서 미국으로 돌아왔을 때, 선교부와 유력한 친구들에게 한국에서 필요로 하는 것들과 한국이 가진 놀라운 가능성을 제시했다. 이 문제를 가지고 선교부 한국위원회와 실행위원회는 협의회를 개최했으며, 그 결과 급속하게 발전하고 있는 복음사업을 지도하는 데 필요한 20명의 선교사가 충원되어야 한다는 점, 이에 따라 이 새로운 일꾼들에게 매년 지급할 4만 달러와 각각 3천 달러의 비용이 드는, 이들을 위한 새로운 주거의 확보 비용, 혹은 이 목적을 위한 6만 달러의 요구에 동의한다고 했다. 전체적으로 필요한 돈은 현재 선교지에서 일을 하고 있는 선교사들을 위해 1만 8천 달러, 기존 학교와 새 학교 건립과 20명의 새 선교사 가족과 새 선교사들을 위한 20개 주거를 위해 5만 달러가 들 것으로 평가된다고 했다. 그리고 선교부는 교회를 계몽시키고 일꾼과 돈을 확보할 특별선전을 하자고 제안했다. 이것은 한국 및 다른 선교회들의 현행 사업을 위해 달리 확보될 수 있는 기금을, 이러한 호소를 통해 전용할 수 없다는 조건 하에 이루어진 것이었다. 또한 이미 확인된 선교부의 유지비용으로 전년도 수입에서 일차적으로 20퍼센트를 사용한다는 점과 주어지는 특별기금은 이미 양해된 선교부의 규칙에 따라

---

164) 위의 책, 119-123쪽, 127쪽, 132쪽.

처리해야 한다는 조건이 있었다.165)

이 보고는 만장일치로 채택되었다. 당시 미국이 이제껏 겪어보지 않은 경제적 공황으로 곤란을 겪고 있던 때인 데도, 그러한 결의안이 선교부에서 통과되었다는 사실은 선교사들의 놀라운 신앙과 그들이 제시한 한국 상황에 의해 선교부가 얼마나 깊은 감명을 받았는가를 보여주었다.166)

언더우드는 그 위원회의 위원장이 되어 사업적 수완을 효과적으로 발휘하면서 일을 추진해 나갔다. 큰 도시에 있는 장로교회의 목사들에게 수백 통의 편지를 보내 이 운동의 기원과 목적을 설명하고, 그 도시에 배정된 주일에 선교사가 그 교회를 방문하여 설교단에 서게 해 주기를 요청하기도 했다. 국내의 모든 장로교 주간지에도 편지를 보내어 한국에 대한 기사를 싣도록 요청했다. 「한국에 투자할 기회」라는 제목의 소책자가 수천 부 발행되었다. 이 책자에는 한국 선교회의 성장에 대해 간략히 설명하고, 한국이 필요로 하는 것을 압축적으로 제시했다. 이것은 우송하기도 하고 각 모임에서 나누어주기도 했는데, 모두 기부신청서를 첨부하여 나누어 주었다. 그러한 소책자 중에 언더우드가 준비한 「한국의 위기」라는 것이 있었는데, 여기에는 몇 페이지에 걸쳐 한국교회의 역사가 초기부터 감동적이고 강력한 문체로 적혀 있었다. 그리고 기부금이 많이 들어올 수 있도록 특별 기도를 하기도 했다. 그러자 한 사람이 혼자서 만 달러나 되는 많은 돈을 기부했다. 그리고 많은 남녀들이 돈을 내고 그들이 속한 교회가 지원을 약속하기도 했다.167)

---

165) 위의 책, 123쪽, 127쪽, 266-267쪽.
166) 위의 책, 123쪽, 127쪽, 267-268쪽.

미국의 모든 곳에서 한국에 대한 큰 관심이 일어났다. 여기저기서 사람들이 이 일을 수행하기 위해 왔으며, 조금씩 필요한 돈도 모아졌다. 그리고 필요로 하던 총액이 달성된 것은 로스앤젤레스의 선한 두 그리스도인이 선교사들의 보수와 주거를 위해 누구보다 많은 돈을 기부함으로써 이루어졌다. 1910년 5월 1일까지 170,617달러의 기부금이 모아졌으며, 계속해서 서약이 들어왔다. 27명의 선교사와 그 모두를 위한 지원도 확보되었다. 서약된 각 항목은 다음과 같다. 평양에는 학교와 신학교 및 병원, 강계에는 성경학교, 병원, 서재와 주거지, 선천에는 커다란 학교와 기술학교, 서울에는 학교와 예수교서회 건물, 청주에는 병원과 그밖에 다른 많은 기반을 위한 돈 등이었다.[168]

한국을 소개하기 위해 언더우드와 에비슨 박사가 미국 전역을 여행하는 동안에 그들은 서울에 일급 대학을 건립하고 이를 위한 기금을 모을 계획을 세웠다. 이것이 '한국을 위한 교육기금'이라고 알려졌다. 이 기금은 두 개의 대학을 건립·유지하고, 또 모든 선교회의 전 중등학교를 유지하는 데 충분한 돈이어야 했다.[169]

언더우드는 미국뿐만 아니라 캐나다 토론토에 가서도 선교에 큰 관심을 가진 지도자들과 만나 협의하고 수차례 연설을 했다. 영국에 가서도 성서공회 및 기독교전도문서회와 런던 선교회와 협의하고 여러 교회에서 한국의 문호개방에 대해 연설했다.[170]

---

167) 위의 책, 123쪽, 127쪽, 267-269쪽.
168) 위의 책, 123쪽, 127쪽, 272-273쪽.
169) 위의 책, 123쪽, 127쪽, 274쪽.
170) 위의 책, 123쪽, 127쪽, 132쪽.

아펜젤러 역시 모국인 미국으로 가서 한국 지역의 필요들을 그가 태어난 곳, 그가 다닌 대학이 있는 도시, 그밖의 여러 곳에 알리는데 주력했다. 그는 몇몇 냉담한 교회들에 한국선교지원에 대한 적극적인 관심을 불러일으킴으로써 더욱 확장된 사업을 펼쳐 나갈 수 있기를 원했다. 모국에 있는 동안 한국선교의 필요를 역설하기 위한 아펜젤러의 교회 순회여정은 중부지역에서부터 동부지역까지 확대되었다.171)

이처럼 아펜젤러는 한국선교의 확장에 대한 관심을 가지고 고국의 여러 지방을 여행할 때 불면증으로 고통을 받기도 하고, 괴로움을 당하기도 하면서, 5년 동안 그의 체중은 81킬로그램에서 59킬로그램으로 줄어들었다.172)

아펜젤러가 배재학당을 세울 때 그 건물은 앞서 언급했듯이 미국 감리교 본부의 경비와 미국인이 한국에 주는 선물로 세워진 것이었다. 그 건물의 헌당식 때 감독은 이렇게 말했다. "이 건물은 미합중국이 한국에 주는 호의와 형제애가 담긴 선물이다."173)

그리고 아펜젤러는 선교비를 마련하기 위해 아버지에게 간절한 도움의 손길을 요청하는 편지를 보내기도 했다.174)

이상과 같은 선교사들의 노력 및 헌신에 따른 해외로부터의 지원과 한국인들 스스로의 자발적인 헌신과 봉사는 한국개신교의 성장

---

171) 윌리엄 그리피스(이만열 옮김), 앞의 책, 239쪽, 241쪽.
172) 위의 책, 239쪽, 273-274쪽.
173) 위의 책, 231쪽.
174) 김석영, 앞의 책, 140-143쪽.

요인이었다고 볼 수 있다.

예를 들어 언더우드가 지방순회여행을 할 때 매우 유능한 한국인 조력자들을 항상 많이 데리고 다녔다. 아무리 많은 그리스도인을 거느린 사람이라 할지라도 선교회가 보수를 지급하는 조력자는 두 명 이상 데리고 있을 수가 없었다. 그러나 당시에는 목사에게 보수를 지급하는 한국인 교회가 있다 해도 아주 소수에 불과했지만, 시간이 갈수록 쌀을 주거나 또는 논이나 집의 사용권을 보수로 전도사나 학교 교사를 고용하는 교회가 늘어갔다.[175]

언더우드에게는 시간을 내어 일을 해주는 아주 많은 사람들이 있었다. 수많은 젊은이들이 기꺼이 그리고 자랑스럽게 여기저기서 특별선교를 위해 봉사했다. 청년선교회는 체계적인 복음사업을 위해 조직되어, 매주 전도 문서를 배포하거나 말씀을 전하기 위해 여러 마을을 방문했다. 가정을 가지고 있어서 복음사업에 무보수로 많은 시간을 쏟을 수 없는 사람들은, 직접적으로 금전적 도움을 받는 것이 아니라 작은 서점을 맡게 하여 자신이 판 책의 수입 중 몇 퍼센트를 갖게 하는 방식으로 도왔다. 또 어떤 사람들은 작은 설교처소나 예배당 혹은 진료소를 맡음으로써 가사를 꾸려 나갔고, 또 어떤 사람들은 키니네를 팔아서 경비를 부담했다.[176]

한국에 간헐열이나 기타 다른 열병들이 만연한다는 사실은 널리 알려져 있었으며, 한국인들은 매우 일찍부터 그 열병에 대한 키니네의 가치를 발견하고 비싼 값에도 기꺼이 그것을 샀다. 이에 착안하여 언더우드는 사람들과 그리스도인 사역자들을 도울 수 있다는 생

---

175) L.H.언더우드(이만열 옮김), 앞의 책, 149쪽.
176) 위의 책, 150쪽.

각을 하여 일급 물품을 싼 값에 팔아 그들을 도움으로써 그리스도의 뜻을 선양하고자 했다. 그래서 언더우드는 믿을 만한 미국의 도매 약품회사에 편지를 하여 키니네를 아주 저렴한 가격에 대량으로 주문하였다. 약병은 모두 다 한국에서 언더우드가 디자인한 양식에 따라 미국에서 인쇄한 깨끗한 전도문구로 포장되어 있었다. 그리고 매우 신실하고 잘 훈련받은 권서들이 키니네를 받아 팔았던 것이다. 키니네를 판 가격의 몇 퍼센트가 그들의 봉사에 대한 보수였다. 그들은 곧 복음의 메시지를 전하고, 성경책과 전도 소책자를 팔게 되었다. 키니네는 그 놀라운 효과로 인해 곧 유명해졌다.177)

그리고 콜레라가 퍼지자 언더우드는 새문안교회 교인들을 중심으로 많은 청년 그리스도인들에게 어떻게 집을 정화시키고 소독하며, 응급조치를 하는 지를 훈련시켜, 콜레라 퇴치에 전력투구했다. 일꾼들은 모두 적십자 배지를 달고 있었는데, 이 표시는 곧 서울 전체와 그 근교에서 구원과 사랑과 자비의 상징으로 유명해졌다. 청년들은 찬탄할 만한 용기와 지성과 능력을 가지고 일을 했다.178)

한국정부는 선교사들이 한 일에 대해 감사를 표시하며, 사용된 약값을 지불했고, 병실에서 봉사한 그리스도인들 모두에게 보수를 지불하겠다고 선언했다. 콜레라가 계속 만연하는 동안 정부는 사대문에 "예수병원에 가면 살 수 있는 데 왜 죽으려고 하는가?"라는 벽보를 붙여 놓았다. 그래서 콜레라는 최소한 전 서울과 그 근교에 그리스도의 존재와 복음의 성격에 대해 알리는 계기가 되었으며, 동시에

---

177) 위의 책, 150-151쪽.
178) L.H.언더우드(이만열 옮김), 위의 책, 152-153쪽; 민경배, 『한국기독교회사』, 2017, 230-231쪽.

많은 사람들이 기독교의 진리를 알고 믿게 되었다.[179]

그리고 콜레라 퇴치사업의 결과 행주교회가 설립되었다. 또한 콜레라 전염병의 직접적인 결과, 아니 최소한 그 병이 만연하는 가운데 보여준 그리스도인들 행동의 직접적 결과 중 하나는 새문안교회의 그리스도인들이 이전에 자신들이 한 번에 만져보리라고 꿈꾸었던 것보다 훨씬 더 많은 돈을 갖게 되었다. 이들은 누가 어떻게 하라고 말하지 않았음에도 이 돈을 가지고 해야 할 유일한 일은 새 교회를 짓는 일이라고 생각했다. 돈을 헌금한 사람들 중 대부분은 부자들이 아니었다. 그들 대부분은 하루 벌어 하루 먹는 상태였는데, 그 돈을 교회에 준다는 것은 그 돈을 가장 좋은 곳에 쓰고 싶다는 그들의 생각에 따른 것이었다. 이로써 새문안교회는 가장 좋은 기와와 재료를 사용해서 꾸며진 일급의 한국양식으로 지어졌다. 교인들은 쉬지 않고 늘어났으며, 1889년에 263명이던 것이 1901년에는 401명이 되었다. 그래서 새문안교회를 증축했는데, 교인들이 이 모든 일을 하면서 학교와 교회 경비, 자선사업, 복음 및 선교사업 등을 위해 일 년에 268,18달러의 헌금을 냈다. 헌금을 낸 사람들의 경우 당시 일당 임금이 20센트 정도밖에 안 되었으며, 대부분의 사람들이 노동계급이었다.[180]

황해도에서도 기독교인들이 새 교회당을 짓는데 기금을 스스로 모았다. 그곳에서는 언더우드가 책임지고 있던 지역의 경우 아홉 교회가 조직되었는데 모두 자립하고 있었다.[181]

---

179) L.H.언더우드(이만열 옮김), 위의 책, 154쪽.
180) 위의 책, 155쪽, 174쪽, 224쪽.
181) 위의 책, 155쪽, 196쪽.

다른 어떤 나라도 한국처럼 그토록 많은 사람들이 물질적인 보상도 없이 손에 손잡고, 마음과 마음으로 복음전도의 일을 수행하는 것을 보지 못할 것이다. 한국기독교인들은 끊임없이 활동했다. 그들은 소책자를 받고, 책을 구입하고, 집회에 참석하고, 감동을 받으며 보다 많이 알고자 했다. 그리고는 예배에 규칙적으로 참석하고 신자가 되어 교회로 들어왔다. 그러나 그들은 여기에서 멈추지 않았다. 친분관계를 유지하고, 친구를 사귀고, 인척관계를 지키며, 정의와 절제와 판단력을 길렀다. 몇몇의 지도자들은 복음전파에 고귀한 생명을 희생하기도 했다. 한국의 교인들은 항상 단순한 교회의 회원 이상의 의미를 가지고 있었다. 그들은 기꺼이 그의 이웃들에게 그리스도의 진리를 전하는 봉사자였다.[182]

구한말 미국 선교사로 한국에서 25년간 활동했던 제이콥 로버트 무스의 『1900, 조선에 살다』라는 책에 따르면 한국인 신도들은 예배시간에 헌금이 시작되면 모두 참여한다고 했다. 이에 대해 그는 다음과 같이 기록하고 있다.[183]

> "신도들 가운데서 자신의 차례가 되었는데도 헌금 바구니에 무언가를 넣지 않는 사람은 아마도 거의 없을 것이다. 전체 헌금 액수는 미국 달러를 기준으로 할 경우 분명히 그리 큰 것은 아니다. 신도 전체의 총수입도 결코 크지 않다. 그러나 능력에 비해 판단할 때, 그 헌금은 모든 기독교 국가의 신도들을 부끄럽게 할 정도로 많다. 모든 것을 종합해서 고려해 볼 때, 나는 우리 마을 교회의 신도들보다 더 아낌없이 교회에 기부하는 사람들을 어느 나라에서도 본 적이 없다."

---

182) J.S. 게일(신복룡 역주), 앞의 책, 145-146쪽.
183) 제이콥 로버트 무스(문무홍 외 옮김), 『1900, 조선에 살다』, 푸른 역사, 2008, 281-282쪽.

한국 교회들은 선교단체에서 받은 돈이나, 어떤 외부의 도움도 없이 신도들의 힘으로 지은 것이다. 많은 모임과 성경공부반 같은 것을 운영하는 아주 큰 교회가 필요한 도심의 경우에나 선교단체에 약간의 도움을 요청했다. 그러나 모든 신도들은 교회건물을 자력으로 지어야 한다는 것을 원칙으로 삼았다. 이를 포함한 여러 부문의 자치 자립(이른바 3自 정책, 즉 자력전도, 자치제도, 자치자립) 원칙에서 한국교회는 전 세계 모든 선교단 가운데서 가장 모범적인 사례였다. 대부분의 선교사들은 새 신도들을 만난 자리에서 선교에 필요한 모든 것을 충족시켜 줄 교회건물이 이미 마련되어 있다는 사실을 발견하게 된다. 미국화폐로 따진다면 한국의 교회당은 결코 값나가는 것은 아니었다. 그러나 많은 경우 이러한 건물을 짓기 위해 바친 희생은 미국에서 10만 달러를 들인 교회당보다 훨씬 컸다.[184]

또한 한국인은 저임금의 수입을 갖고도 20센트에서 50센트나 호가하는 성서를 구입하는 데 매우 열심이어서 1906년 봄, 2만 부의 신판을 간행하고자 했을 때 아직 인쇄소에서 한 자도 찍지 않았는데도 예약으로 모두 팔렸을 정도였다. 선교부에서 채택한 네비우스방법은 한국에서 확실히 좋은 성과를 거두어 신자들 간에 놀랄 만한 강인성과 적극성을 보였다. 예배당 건축, 복음전도, 교육사업, 그리고 외국에 대한 선교활동을 위해 기부금을 걷는 경우에 많은 액수의 돈을 바쳤을 뿐만 아니라, 기부금을 내는 대신 한국 특유의 관습이라고 생각되는 근로봉사에 서약했다.[185]

---

184) 위의 책, 284-285쪽.
185) H.G. 언더우드(이광린 역), 앞의 책, 103쪽.

이상과 같이 개척 선교사들이 한국 선교활동을 하는 데 가장 어려웠던 일 중의 하나는 선교비 마련이었다. 개척 선교사들은 기도로써 그리고 고국을 방문하여 도움의 손길을 해외 선교단체나 교회에 요청함으로써 해결했다. 그리하여 해외 선교단체의 물적·인적 지원은 한국개신교 성장의 밑거름이 되었다. 아울러 선교사들의 선교활동을 적극적으로 돕는 한국기독교인들의 자발적인 헌신과 봉사 또한 한국개신교가 성장하는 배경이 되었다.

(5) 양대인(洋大人) 의식과 사회불안 및 국가위기

한국인들이 서양세력을 배경으로 한 기독교에 입교한 이유를 보면 먼저 관리의 가렴주구로부터 보호받기 위한 '양대인 의식' 때문이기도 했다. 당시 관리들은 백성들을 보호하기보다는 착취의 대상으로 여겼기 때문에 힘없는 민중들은 기독교의 배후에 있는 구미세력에 대한 기대와 치외법권을 누리고 있던 선교사들의 도움을 받으려 했다.

기독교가 지난날과는 달리 한국사회에서 강자의 종교로 전환됨으로써 이른바 한국인들 사이에서는 외국 공사관과 서양인, 그리고 서양 선교사들의 힘에 의지하려는 '양대인 의식'이 발생하게 된 것이다. 즉 개항 이후 서양 선교사들은 서양세력과 불평등조약에 내포된 치외법권이라는 방패막 속에서 두려움과 경원의 대상으로까지 되었기 때문에 이제는 서양 오랑캐가 아니라 양대인으로 불려지게 되었다. 그 결과 교인들은 민형사 사건이 발생하면 지방 관리에게 가는 대신 양대인에게 가서 저결을 받으려 했다. 이러다 보니 '양대인 의식'은 급기야 종교가 민간인에게 끼치는 폐해인 교폐(敎弊)문제로까지 발전하게 되었으며, 이러한 교폐문제가 한 요인이 되어 동학농민전쟁, 이재수의 난(신축민란; 1901)이 발생했다.[186]

이처럼 당시 한국의 민중들이 기독교에 입교한 동기에는 순전한 종교적인 이유보다는 사회적인 요인이 더 강하게 작용하고 있었다. 그들의 압박받는 생활과 밀접하게 관련되어, 대내적으로는 관리들의 가렴주구 등 봉건사회의 모순, 대외적으로는 청일·러일전쟁 때에 일본군의 학대를 면하고, 생명과 재산을 보호받으려는 현실적 이유에서 서구계 종교인 기독교에 입교하는 경우가 많았다.[187]

심지어 동학에 들어갔던 사람들이 관을 피해 생명을 보전하기 위해 기독교에 입교하는 경우도 있었다.[188] 특히 동학농민전쟁 및 이를 계기로 촉발된 청일전쟁, 그리고 러일전쟁과 한일신협약을 거치면서 나라가 일본 제국주의의 손아귀에 침탈되어 가는 과정을 겪은 많은 한국의 민중들은 교회의 문을 두드리기 시작했으며, 기독교는 급격한 성장을 이룩하게 되었다.[189]

현명한 사람들은 "세상의 모든 세력이 우리에게 밀어닥치고 있다. 만약에 하느님이 도우시지 않는다면 우리는 쇠퇴하고 말 것이다"라고 말했다. 그것은 조국의 절망적인 상태에 처한 한국인의 영혼에서 우러나오는 각성의 시작이었다. 민영환은 게일 선교사를 향해 말하기를, "대한제국을 위해 기도해 주시오. 아무도 우리를 도울 수 없다 할지라도 하느님은 우리를 도와주실 수 있을 것이오"라고 요청했다.

---

186) 김행선, 『역사와 신앙』, 선인, 2008, 230쪽.
187) 이만열 외 지음, 『한국기독교와 민족운동』, 21쪽; 이만열, 『한국 기독교 수용사 연구』, 182쪽.
188) 이만열 외 지음, 『한국기독교와 민족운동』, 21쪽.
189) 류대영, 『초기 미국 선교사 연구』, 139쪽.

전에는 결코 하늘을 향해 쳐다보지 않았던 눈망울이 이제는 불확실함 때문인지 하늘을 향해 있었다.190)

불안한 한국은 외국 열강들의 세력 다툼으로 더 악화되었다. 열강의 각축전으로 말미암아 10년 사이에 피비린내 나는 전쟁이 두 번이나 일어났다. 1894년 7월 23일 일본군이 서울과 경복궁을 점령했다. 미국공사는 선교사 거주지에 미국 국기를 게양하라는 명령을 받았다. 병원에는 부상자가 넘쳐났다. 한국인 수백 명이 일본군을 피해 선교사 거주지에 몰려왔다. 메리 스크랜턴은 이렇게 보고했다. "그들은 먹을 쌀, 땔감, 솥단지, 김치항아리를 싸들고 왔다. 아이들은 옷도 걸치지 않은 상태였다. 우리가 그들을 다 받아줄 수 있을지 없을지에 대해서는 생각조차 않는 것 같았다. 그저 우리 곁에 있는 것만으로 해를 당하지 않을 수 있다고 생각하는 것 같았다."191)

청일전쟁으로 수많은 한국 가정이 죽음에 직면하고 불행에 빠졌다. 그리고 피해가 어느 정도인지 확인하기도 전에 다시 러일전쟁이 터졌다.192)

전쟁이란 극한상황 속에서 대중들은 생명과 재산을 보호받기 위해 종종 종교에 귀의하기도 했다. 1894년에 촉발된 청일전쟁 직후 1895년과 1896년 개신교는 세례 교인수가 폭발적으로 증가했다.193) 1895년부터 1907년에 걸쳐서 교회는 놀랄만한 성장을 기록했다. 그 사이에 교인 수는 530명에서 26,057명으로 급증했던 것이다. 성서의

---

190) J.S. 게일(신복룡 역주), 앞의 책, 40쪽.
191) 캐서린 안, 앞의 책, 109쪽.
192) 위의 책, 110쪽.
193) 전용복, 앞의 책, 32쪽.

보급량도 급증하고 있었다. 1904년 현재 성서공회는 144,657부의 갖가지 성서를 발행하고 있었다.194)

이러한 급성장은 러일전쟁이 발생한 1904-1905년에 다시 나타나는데 1906년 이후 감리교는 1만 명 이상, 장로교는 5만 명 이상의 교인수를 보유하게 되었다. 특히 청일전쟁의 주전장이던 황해도와 평안도 등 서북지역의 경우 교인 증가 비율이 1898년의 경우 전체 교인의 79.3%를 차지하고 있었다.195)

청일전쟁 중 가장 치열한 전투가 벌어진 평양의 경우, 교회는 피난민 수용소가 되었다. 마펫이 증언한 바에 따르면 다음과 같다.196)

> "전투는 9월 15일에 벌어졌다. 피난을 가지 못하고 남아 있던 불쌍한 한국인들은 놀랐고, 그중 반은 죽거나 도망쳤다. 평양에 남아 있던 교인들 대부분은 예배당에 모여 있었다. 그들은 함께 주님께서 보호해주시기를 간구했다."

평양을 점령한 일본군이 교회 재산만은 보호해 주겠노라고 약속해 주었기 때문이다. 이처럼 교회가 백성들의 생명과 재산의 보호구역이 될 수 있었던 것은 서양 선교사들을 배경으로 한 교회가 외국인의 소유로 인식되었기 때문이다. 다시 말해 교회는 당시 치외법권적인 영역으로 인식되었다.197)

그리하여 이 무렵 교회 입구에 십자가 혹은 성조기를 내거는 예가

---

194) 민경배, 『한국기독교회사』, 2017, 242쪽.
195) 한국기독교역사연구소, 『한국기독교의 역사』 1, 254쪽, 258쪽.
196) 위의 책, 255쪽.
197) 위의 책, 255쪽.

생겼다. 치외법권 구역임을 표시하는 상징이었던 것이다. 서울의 상동병원 지붕에도 일본군이 서울에 진주한 직후 미국 국기인 성조기가 게양되었다. 이러한 사실에 대해 아펜젤러는 다음과 같이 언급하고 있다.[198]

"상동에 있는 우리 병원 건물 위에다 우리는 성조기를 게양했다. 그것이 우리 자신들뿐만 아니라 한국인들에게도 무한한 안도감을 가져다 준 것 같다."

전쟁 중에 생명과 재산을 보호해 줄 수 있는 확실한 보호구역으로 교회당과 선교사들이 운영하는 병원이나 학교가 이용되었던 셈이다. 바로 이 점이 교회성장의 직접적인 요인이 되었던 것이다.[199]

그런데 청일전쟁에 관해서 선교사들은 말하기를, 만일 청나라가 이겼더라면 한국에서의 선교활동은 중지되었을 것이라고 했다. 패배한 청국은 보수적이었으나, 승리한 일본은 진보적이었다고 생각하고 있었기 때문이다.[200] 즉 보수적인 청국이 승리했다면 기독교의 전파를 허용하지 않았을 것이라는 주장이었다. 이로 미루어 볼 때 선교사들은 청일전쟁 당시 일본을 지지했음을 알 수 있다.

그러나 이러한 선교사들의 태도와는 달리 청일전쟁과 러일전쟁 당시 일본인들이 잔악한 행동을 자행했기 때문에 한국인의 배일감정을 촉발시켰으며, 그들의 만행을 피해 선교사에게로 피신함으로써

---

198) 위의 책, 255-256쪽.
199) 위의 책, 256쪽.
200) 전용복, 앞의 책, 33쪽.

기독교를 성장·발전시키는 또 다른 요인으로 작용하기도 했다.201)

한국교회의 반일 애국의 용단과 행동은 을사늑약 체결을 전후해서 구체화되었다. 소위 보호조약의 음모가 진행되던 1905년 6월 하와이 동포들은 목사 윤병구와 이승만을 대표로 선출해서 '타프트 가쯔라 메모'의 장본인인 미국 국방장관 윌리엄 타프트에게서 소개장을 받아 루즈벨트 대통령을 면회하고 일본의 침략 야욕을 폭로하면서, 한국 독립을 위한 미국의 지원을 간청한 바 있었다.202)

조약이 강제로 체결되던 날(11월 17일), 전국은 비통에 잠기고 교회는 울음바다가 되었다. 민영환이 자결하자 김하원, 이기범, 차병수 등은 기독교인으로서 「사수국권」이라 쓴 경고문을 종로 네거리에 게시하고 운집한 시민들에게 통렬한 구국연설을 했다. 이 때문에 일본 경찰과 헌병의 칼을 받아 치명적인 부상을 입고 감금된 일도 있었다. 이런 교회의 격분은 1907년의 헤이그밀사사건, 고종의 양위, 한일신협약(정미7조약)의 체결로 그 절정에 이르렀다.203)

특히 1907년 7월 24일 한일신협약이 체결되고, 고종황제는 축출되었다. 고종은 황제, 왕 그리고 전제군주로서의 모든 권한을 새로운 세대에게 물려줄 것을 강요받았다. 극도의 반대도 아무런 소용이 없었다. 그를 영원히 내몰려는 일본의 의도를 뿌리치기에는 충분한 힘이 없었기 때문에 고종은 하는 수 없이 그에 동의하고 말았다. 일반 백성들이 판단하기에 이제 한국의 마지막 숨결은 끊어지고 소멸되었던 것이다.204)

---

201) 한규원, 『개화기 한국기독교 민족교육의 연구』, 국학자료원, 1997, 44쪽.
202) 민경배, 『한국기독교회사』, 2017, 249쪽.
203) 위의 책, 249쪽.

일종의 열광적인 애국심은 자결, 혈서 그리고 의병과 재래식 무기에 의한 저항과 같은 형태로 나타났다. 이러한 상황에서 백성들은 그 모든 짐을 하나님께 의지하는 것 외에는 아무것도 남아 있지 않았다. 백성들은 나라를 상실했고 불행함을 느꼈다. 한국인들은 "나는 나라도, 시민권도, 국기도, 내 자신의 땅도 없고, 단지 뼈다귀만 남아 있을 뿐이다. 그것들은 차라리 없느니만 못하므로 안 보이는 데에 묻어 버려야 한다"고 말했다. 그리고는 세상의 후원을 받지 못하는 속세의 절망감이 그들에게 다가온다. 그들은 나라를 상실할 때까지 자기 나라가 어떤 가치를 지니고 있는지 알지 못했다. 그러나 이제 나라는 멸망하고 그것을 다시 소생시킬 사람은 아무도 없는 상황이었다. 대한제국은 모든 것을 상실하고 아무것도 이룬 것이 없는 상태였다.[205]

어느 한국인은 말했다. "돌파구가 없어! 하느님이 부른다." 과거에는 겪어보지 못한 하느님의 놀라움과 두려움이 엄습했다. 이것을 해결하고 돌파구를 찾는 것이 문제였다. 음울하고 상심한 상태에 있는 한국인들 앞에 고난을 극복하고 미래에 대한 찬란한 약속을 수반하면서 그리스도의 복음이 들어왔으며, 한국인들은 마치 해바라기가 해를 향하듯이 복음을 향해 머리를 돌렸다. 슬픔의 두꺼운 구름으로부터 들려오는 대답은 "내 아들아, 그는 너의 왕이며, 너를 지켜 주시는 분이다"라는 것이다. 정치적 변화와 사회질서의 동요가 한국인들을 교회로 쏠리게 했다.[206]

특히 한국인들은 맹렬한 민족주의와 일본에 대한 증오로 끓어올

---

204) J.S. 게일(신복룡 역주), 앞의 책, 41쪽.
205) 위의 책, 41-43쪽.
206) 위의 책, 101쪽, 105쪽, 154쪽.

랐고, 미국인 선교사들이 대일본투쟁을 지원할지도 모른다는 희망을 안고 교회로 몰려왔다.207)

그리고 이러한 절망적인 상황에서 한국인들 앞에 세상에서 가장 오래 된 책인 66권의 성서가 나타났다. 성서의 범위는 약 1천5백여 년에 걸쳐 있으며, 그것은 산문과 운문으로 된 역사와 교리 그리고 예언 등을 담고 있다. 그것은 과거, 심지어는 요순시대의 이면까지를 가리키고, 현대에 대해서는 왕과 같은 권위를 가지고 말하며, 그 초점을 미래에 대한 전망으로 돌리기도 한다. 또 성서는 하느님에 대해서 그의 존재는 무엇이며, 무엇을 행해 왔는가를 말해 주고, 인간의 문제와 그의 방황하는 상태를 해결해 주며, 인간을 구원과 승리, 그리고 평화의 장소로 인도해 준다.208)

성경 속에 나오는 갈릴리 바다, 감옥, 순례 중의 기독교인을 기다리고 있는 사자의 우리, 철문에 갇혀 감시받는 베드로, 차꼬에 발이 묶여 있는 바울과 실라, 밧모 섬에 유배된 요한 등의 이야기는 한국인에게 대단한 흥밋거리가 되었다. 한국인들은 그들을 연구했다. 그리고 나서 한국인들은 이렇게 말했다. "내가 여기 있는데 아무도 내가 알고 있는 것을 모른다. 조국은 파멸했다. 우리 모두는 감옥에 갇혀 있다." 멀리 수평선으로부터 밝아오는 모습과 함께, "내 영혼아 잠깨어라. 두려움을 떨쳐라"고 노래한다. 그리고 한국의 백성들은 모든 짐을 하나님께 의지하는 것 외에는 아무것도 남아 있지 않았다.209)

이처럼 성경 속에 등장하는 고난에 처한 현실을 한국인들은 당시

---

207) 캐서린 안, 앞의 책, 113쪽.
208) J.S. 게일(신복룡 역주), 앞의 책, 46-47쪽.
209) 위의 책, 41쪽, 105-106쪽.

조국과 자신들이 당면했던 상황과 결부시켜 위로를 받고 희망을 얻게 되었다.

그리하여 한일신협약 이후 전국적으로 개최된 부흥사경회에서 나타난 현상은 목격자들이 미국의 대부흥운동이나 심지어 초대교회의 오순절 사건을 연상시킬 정도로 엄청난 것이었다. 오늘날 한국기독교의 특징 중 하나인 부흥회 운동의 역사적 기원은 1903년 선교사들이 기도회에서 자신들의 무력함을 고백하는 데서 연원했지만, 한국인 스스로의 자주적인 부흥운동으로 발전하게 된 배경에는 바로 애국계몽운동기 국가의 비운에 통회하는 기독교인의 내성, 그래서 하나님의 도움 밖에는 기댈 곳이 없다는 절박한 신앙에서 비롯되었다.210)

이는 길선주 목사가 평양에서 한국 최초로 시작했던 새벽기도회의 뜨거운 열정이 이 대부흥의 직접 동기가 되었으며, 1907년 1월 6일부터 10여 일간 평양 장대현 교회에서 있었던 사경회 기간에 절정에 이르러 이후 전국적으로 파급된 신앙부흥운동이다. 이것은 한국 기독교사에 있어서 큰 획을 그은 사건이었다.211)

1907년 대부흥운동은 한국 교회의 특징인 개인적 죄의 고백, 통회, 종교적 체험신앙, 새벽기도회, 함께 소리 내어 기도하는 통성기도, 부흥회의 원초적 뿌리가 되었다. 특히 새벽기도회는 세계 교회사상 한국이 처음으로 실현한 것이라 하는데, 이는 외세의 침략에 따른 한국의 아픔을 담아낸 것이기도 했다. 그리고 1907년 1월 평양의 장로교와 감리교 부흥회에서 블레어 목사가 고린도 전서 12장 27절, 즉 "여러분 한 사람 한 사람은 그리스도의 몸이요 그 지체입니다"라

---

210) 김행선, 『역사와 신앙』, 245쪽.
211) 위의 책, 245쪽.

고 설교한 이후 부흥회의 불길은 터지듯 타올랐다.212)

당시 한국인 교회 지도자들은 대한제국의 주권이 일부 상실된 보호조약 체제라는 정치적 현실에서 이에 대한 하나님의 간섭을 구했던 것이다. 그리고 이때 교인들 사이에서 국가의 비운에 대한 개개인의 자기반성과 회개의 역사가 일어나 전형적인 평양 대부흥회의 분위기를 연출했던 것이다.213)

한국의 부흥사경회에서는 '비상한 육체적·정신적 현상'들이 나타났다. 1907년 1월에 있었던 평양 사경회가 좋은 예다. 선교사들이 목격한 이 집회는 "소리 지르고, 신음을 하며 괴로워하고, 격렬하게 울부짖고, 바닥에 쓰러지고, 입에 거품을 물고, 각종의 발작적 행위를 하다가 결국에는 완전히 의식불명의 상태가 되는" 많은 한국인들로 아수라장이었다. 장로교 집회에선 죄로 인해 뒤로 자빠지는 사람도 있었다. 어떤 이들은 죄에 대한 애통으로 신음하며 성도들에게 죄를 고백하기도 하고 주님에게 자비를 구하고 죄 사함과 평안을 받았다. 사람들은 신앙적인 가르침에 점점 민감해졌고, 죄로 심령이 쪼개지는 경험을 했으며, 죄의 실상은 강력하게 드러났다. 거짓말·속임수·미움·시기·질투·해코지·불효·근친상간과 같이 양심과 인륜에 반하는 죄, 살인·사기·방화·강도·절도와 같은 사회적 규범을 어긴 죄, 그리고 간음·술주정·축첩·도박·종 부리는 일·교만·세상 욕심과 같이 기독교적 윤리규범을 어긴 죄 등이 모두 고백되었다. 심지어 한국기독교인들은 일본인들을 증오한 죄까지 회개했고, 고종이 퇴위했을 때 극도로 고조된 반일감정을 길선주가 진정

---

212) 위의 책, 245쪽.
213) 위의 책, 245-246쪽.

시킨 현상도 있었다. 부흥기간 동안 이루어진 죄의 고백은 구체적인 죄를 공개하고, 통렬하게 자백하여 용서를 구하고, 신의 용서를 체험하는 방식으로 이루어졌다. 그들은 모든 증오와 미움을 내려놓고 여러 방식으로 회복을 도모했다. 서로서로 죄를 자백했고, 남에게 사기 친 사람은 사기 당한 자에게 돈을 물어주었고, 도둑질한 사람은 훔친 모든 물건에 상응하는 가치를 지불했으며, 종을 풀어주거나 첩을 내보내고, 금연·금주를 실천하고 화해와 용서를 비는 행동으로 이어졌으며, 진실치 못했던 모든 행사를 주님 앞에 올렸다. 부흥회에서 거듭난 사람들의 수는 매우 많았다. 한국기독교인들이 보여준 이런 육체적·정신적 흥분현상은 때로 지나치게 비정상적인 것이어서, 선교사들조차도 놀라 통제하고자 할 정도였다.214)

학생들은 학교수업을 제쳐놓고 기도에만 열중했다. 살인에서부터 작은 원한관계나 말다툼에 이르기까지 모든 죄를 고백하고 유혹을 물리쳤을 때, 상냥한 천사가 와서 소년들에게 평화의 옷을 입혀주는 것 같았다. 이토록 폭풍우처럼 일어나는 거룩한 순결 속에서 기도자들은 이웃을 위해 기도를 쏟아냈다.215)

이와 같은 회개현상은 대부흥을 통하여 한국기독교인들이 비로소 기독교적 윤리를 내면화하고 기독교인의 정체성을 가지게 하는 계기가 되었다는 해석도 있다. 즉 한국기독교인들에게 죄와 의에 대한 지식을 좀 더 깊게 인식할 수 있게 해주었던 것이다.216)

---

214) 매티 윌콕스 노블(손현선 옮김), 앞의 책, 242-245쪽, 258-259쪽; 류대영, 『초기 미국 선교사 연구』, 139쪽; 류대영, 『한국 근현대사와 기독교』, 푸른역사, 2009, 119쪽, 123-124쪽.
215) J.S. 게일(신복룡 역주), 앞의 책, 159쪽.
216) 류대영, 『한국 근현대사와 기독교』, 120쪽.

이러한 대부흥의 뜨거운 바람이 전국의 교회를 휩쓸고 갔으며, 수천 명이 기독교로 개종을 했다. 여기에는 종파 구별이 없었다. 한국의 대부흥은 만주를 중심으로 중국의 북부지방으로 그 불길이 번지기까지 했다. 이리하여 한국교회의 대부흥은 너그럽게 봐주어야 할 만큼 작던 선교지 한국을 한순간에 세계 선교에서 가장 주목받는 곳으로 만들어 놓았다.[217]

부흥은 한국인 신자들의 영적 수준을 끌어올리고 교회에 극적 성장을 가져왔다. 이 부흥기에 한국개신교회에는 신자들이 밀어닥쳤다. "1885년에 한 줌도 안 되던 신자수가 1905년에는 5만 명에 이르렀고", 1909년에는 "20만 명에 육박했다." 이 시기에 한국은 "하나님을 향해 달려가는 나라"로 회자되었다. 일부 서구인들은 한국이 "비기독교 세계에서 최초로 기독교 국가"가 될지도 모른다고 예측하기도 했다.[218]

더 나아가 사경회 같은 열정적인 성서연구와 그것을 통해서 나타난 여호와의 정신 및 예수정신의 엄격한 비판정신과 정의감, 공의, 그리고 사랑정신으로부터 교회는 좌절 속에서 방황하는 한국인들의 정신적 위안이요 방패가 될 수 있었고, 그리하여 대부흥운동은 정치운동으로 나아갈 수 있었다. 일부 교회에서는 반일저항의 물리적 근거지로 요새화하는 모습도 나타났다. 엡웻 청년회를 비롯해서 YMCA 역시 정치적 동기집단의 활용 압력이 거세졌던 것이다.[219]

이때 선교사들의 반발은 의외로 컸다. 교회를 비신앙적인 정치의 비밀회의실로 사용하려는 인사들이 교회의 본래성을 위협한다고 본

---

217) 류대영, 『초기 미국 선교사 연구』, 139-140쪽.
218) 캐서린 안, 앞의 책, 41쪽.
219) 김행선, 『역사와 신앙』, 247쪽.

것이었다. 즉 선교사들은 한국교회가 근대민족수립운동의 정신적 무대로 작용하는 것을 교회의 비본질적 기능으로 보았기 때문에 각 교회와 선교사들 간의 대립과 알력은 심각해져 갔다. 그리하여 각 교회들은 민족교회와 선교사의 교회로 분열되었고, 마침내는 민족반역자의 대열을 교회에서 정비하자는 호소가 사방에서 들려왔다. 따라서 민족적 성향을 지닌 교회는 선교사들을 탐탁하게 여기지 않았다. 더 나아가 당시 귀국하는 해외유학생들도 소리높여 대한제국의 비극에는 미국도 그 책임이 있다고 주장했다. 당시 멸망해 가는 조국의 모습을 보고도 교회가 하늘만 바라보는 초월적 삶만을 강요한다면 그것이 나라 사랑하는 민족의 종교가 될 수 없다는 생각이 교인들 사이에 퍼져, 선교사들과 이에 동조하는 교역자들에 대한 비난과 냉소가 일어났다.[220]

당시 선교사들은 기독교의 정치관여와 그 혼란을 인식하고 교회를 그런 데서 격리시키려고 전력했다. 예를 들어 존스는 "조선인에게 지금 필요한 것은 잘 정의된 법의식과 합법적으로 확립된 권위에 대한 존경"이라고 언급함으로써 보호국 체제에 대한 순응을 강조했으며, 고종에게 신임 받던 헐버트 역시 한국인의 민족적 이념은 정치적인 것이 될 수 없다고 정의하고, 다만 "순수한 기독교국이 됨으로서 압제에 도덕적으로 항거하여 인종하며, 생활의 청결로 뭉칠 것"을 역설하고, "모든 압제의 세력은 꾹 참는 고요한 힘에 의해서 정복된다"라고 설파했다. 선교사들은 1907년 대부흥운동을 통해 죄의식, 용서, 사랑을 설교했으며, 일제침략은 정부의 무능과 개개인의

---

[220] 위의 책, 247쪽.

죄의 탓이므로 회개와 기도로 내세의 평안을 비는 것이 바른 믿음이라고 강조했다. 이는 결국 제국주의 침략 및 민족모순에 대한 기독교인들의 의식을 마비시키려는 것이기도 했다. 실제로 부흥회 운동을 통한 죄의 고백과 회개는 일제에 대한 저항의식을 차단시키는 효과를 가져왔다. 한 신자는 부흥회를 통해 일본인까지 사랑하게 되었다는 고백까지 하는데, 이러한 데서 민족적 저항의식을 기대하기란 불가능한 것이었다. 따라서 선교사들의 비정치적 의도가 집중적으로 표현되었던 것이 바로 1907년의 대부흥회이기도 했으며, 대부흥운동을 지도한 선교사들의 정치적 목표는 바로 '교회의 비정치화' 그것이었다.[221]

그리하여 일제의 한국 강점 활동 기간에, 그것도 선교사들의 주도와 일제 통감부의 방조하에 그 부흥운동이 진행된 점을 들어, 대부흥운동은 한일 간의 민족적 모순을 은폐케 하고, 한국기독교인들로 하여금 일제의 침략을 신의 섭리로 수용케 함으로써 결국 일제를 앞세운 제국주의의 침략을 정당화시키게 했다는 비판도 있다.[222]

그러나 또 한편으로는 대부흥회를 통해 개신교의 교세가 확장되고, 내적인 신앙을 심화시킴으로써 비로소 한국의 교회는 외국교회나 외국인 선교사에 의지하는 교회에서부터 자립교회로 발전할 수 있는 조직의 힘을 발휘할 수 있는 무게를 지니게 되었다. 다시 말해 개항 이후 미국 선교사들을 통해 위로부터 비자립적으로 전래된 개신교가 이제는 홀로서기를 통해 자립적이고 주체적인 조직체로서 민족의 십자가를 짊어질 수 있는 조직적 힘을 급속한 기간 내에 어

---

221) 위의 책, 247-248쪽.
222) 이만열, 『한국 기독교 수용사 연구』, 179쪽, 199쪽.

느 정도 갖추게 됨으로써 민족교회 형성의 단초를 열어가 3·1운동의 한 주도세력으로 자리매김할 수 있게 되었던 것이다.[223]

이상과 같이 한국인들이 기독교에 입교한 이유는 순전한 종교적 이유보다는 사회적이고 현실적인 요인 때문이기도 했다. 한국인들은 '양대인 의식'에 따라 교회를 관리들의 가렴주구로부터의 도피처로 생각했으며, 청일전쟁 이후 생명과 재산보호를 위한 피난처로 인식하여 교회로 나아가게 되었던 것이다. 전쟁과 사회불안 및 국가위기 앞에서 한국인의 마음은 하나님에게로, 성경에게로, 교회로 향하게 되었다.

선교사들이 운영하는 교회와 병원 및 학교는 치외법권 구역으로 인식되었으며, 이 점이 교회성장의 직접적인 요인이 되기도 했다. 특히 전쟁 중에 일본인들의 잔악한 행동에 대한 배일감정과 일본인들의 만행을 피해 선교사에게로 피신함으로써 기독교가 성장 발전하게 되었던 것이다.

그리고 국가위기라는 절망적인 상황에서 한국인들은 개개인의 자기반성과 회개의 역사가 일어나는 신앙 대부흥운동이 일어나 교회는 한국인들의 정신적 위안이요 방패가 될 수 있었으며, 기독교가 급성장하게 되었던 것이다.

이때 선교사들은 한국에 대한 일제의 침략이 노골적으로 전개되자 종래의 정치적 태도에서 정교분리의 태도를 취하게 되었으며, 한국교회가 정치운동으로 나아가는 것을 교회의 비본질적 기능으로 보았

---

[223] 김행선, 『역사와 신앙』, 248-249쪽.

고, 보호국 체제에 대한 순응을 강조했다. 그리하여 각 교회들은 민족교회와 선교사의 교회로 분열되기 시작했으며, 선교사들에 대한 반감이 일어나기 시작했던 것이다. 이는 이후 사회주의 진영의 반선교사운동과 무교회주의 진영의 미국적 기독교로부터의 분리와 '조선산 기독교' 수립으로 이어지게 되었다.

(6) 현실적 욕구 및 근대화와 부국강병의 욕구

한국인들은 앞서 언급한 바와 같이 초창기 선교사들이 한국으로 입국하기 전부터 성경을 통해 혹은 초기 한국인 개종자들의 전도를 통해 자발적으로 기독교에 입교했다.

그러나 또 한편으로는 한국인은 영어와 서양과학을 배워서 출세하기 위한 현실적인 동기에서 기독교에 입교하는 경우도 많았다. 영어와 서양과학을 배워 정부의 관직을 얻을 목적으로 선교사들을 찾아온 학생들도 있었다. 이 같은 사실에 대해 아펜젤러는 1886년의 연례보고서에서 당시 학교의 형편을 다음과 같이 언급하고 있다.[224]

"한인들의 영어 공부열은 대단하다. 이 새 언어를 조금만 알아도 어떤 고관 자리에 올라가는 기회가 된다고 생각한 것은 이전이나 오늘이나 마찬가지이다. '당신은 왜 영어 공부를 하려 하느냐'고 물어보면 언제나 변함없이 '벼슬을 하련다'고 대답할 것이다. 일종의 전초전으로 우리 선교부는 6월 8일에 학교를 시작해서 7월 2일에 첫 학기를 끝냈는데 이 동안에 등록한 학생은 6명이었다. 오래지 않아 한 사람은

---

224) 백낙준, 앞의 책, 136쪽, 175쪽.

이 나라의 상투적 핑계인 '시골에 볼 일이 있어서' 나가 버렸고, 또 다른 한 학생은 더운 6월에 새 언어를 배우기가 힘들다면서 떠나 버렸고, 또 한 명은 가족 중에 초상이 나서 등교할 수가 없었다. 학교는 1886년 9월 1일에 단 한 명만이 등교한 채 다시 문을 열었다. 10월 6일 현재 20명 재적에 18명이 출석하고 있다."

이 같은 현실적 욕구를 갖고 선교사가 운영하는 학교에 들어온 사람들 가운데서 기독교인이 배출되었던 것이다.

그리하여 한국인들은 무리를 지어 교회로 발길을 돌리고 있었으며, 오직 교회만이 그들에게 구원을 주고, 정신적이며 윤리적인 힘을 통해 그들 앞에 펼쳐지는 새로운 기회를 감당할 수 있는 인격을 계발할 수 있으리라고 확신했다.[225]

한편 한국인들은 기독교를 근대화와 부국강병의 한 수단으로 인식하여 입교하는 경우가 많았다. 근대민족국가수립운동이었던 갑신정변이나 갑오개혁 당시에는 개신교의 경우 아직 신교의 자유가 보장되지 못한 시기였을 뿐만 아니라, 초창기 수용단계라는 미약한 수준에 불과했기 때문에 이들 운동에 기독교가 사실상 어떠한 역할도 할 수가 없었다.

1884년 갑신정변이 실패로 돌아가자 정부 내 진보파 세력들은 일소되고, 조정은 수구파의 수중에 들어가고 말았다. 이때 초대 미국 공사 푸우트(Lucius H.Foote)는 미국으로 돌아가고, 폴크 중위가 대리공사로 앉게 되었다. 폴크 중위는 1885년 4월 2일 날짜로 다음과 같이 당시 한국의 정세를 탐문했던 맥클레이에게 회답을 보냈다.[226]

---

[225] J.S. 게일(신복룡 역주), 앞의 책, 171쪽.

"이 나라의 오늘날 형편은 당신 사업에 불리한 것들뿐이다. 지난 12월 정변은 결국 정부를 마비상태에 빠뜨리고 말았다. 국법이 문란해지고 백성들은 불안 속에 있고, 또 내가 아는 과거 어느 때보다도 도적과 폭행이 많이 횡행하는 형편이다. 서울을 떠난 사람들도 있다. 서울에 주둔하는 일본군대와 중국군대는 몇 주 전부터 서로 충돌은 아니하지만 장차 사고가 터지지 않으리라는 보장을 아무도 할 수 없을 것이다. 이 긴장상태는 중국에 간 일본특사의 협상결과가 결정 날 때까지는 계속될 줄로 안다. 얼마 전만 해도 한국 내의 각 방면에 좋은 (선교)사업전망이 보이던 것이 사실이었는데, 최근에 일어난 소요사건(갑신정변)은 이 모든 전망을 모조리 없애고 말았다. 현 정부 내에는 당신의 선교사업을 위해 효과적으로 들어줄 관리라고는 한 사람도 없다. 나는 현재의 이 모든 난관이 쉬 해소되기를 간절히 바라고 있다. 그리고 당신 사업에 대한 최소한도의 격려와 또 현재 외국인들의 생명과 재산에 대한 최소한도의 안정성이 보일 때에는 지체 없이 편지로 알리겠다."

이 편지를 쓴지 사흘 후에 선교사 언더우드와 아펜젤러 부처 일행이 인천 제물포에 상륙했다. 이때 폴크 중위는 선교사들이 서울에서 당할 여러 가지 위험을 알고 있었기 때문에 아펜젤러 부처에게 다시 일본으로 돌아갈 것을 명령하기도 했다.[227]

그러나 선교사들이 교육과 의료사업을 계기로 기독교 선교사업을 발전시킨 데에는 이미 갑신정변이나 갑오개혁, 동학농민전쟁 등이 역사의 표면으로 돌출되어 근대화에 대한 내적 요구가 이미 마련되

---

226) 백낙준, 앞의 책, 121쪽.
227) 위의 책, 122쪽.

어 있었던 토양 때문이었다는 사실을 간과해서는 안 될 것이다.

그리하여 이와 같은 내적 요구가 준비되어 있지 않았다면 선교사들의 교육과 의료사업을 통한 선교전략은 아마도 실패했을 것이라는 주장도 있다.[228]

캐나다 선교사 게일도 초기 개신교의 선교상황을 이렇게 말했다.[229]

> "원래 조선인은 우리 못지않게 훌륭하다. 아니 내 생각으로는 조선인이 더 훌륭하다. 그들은 복음서에 대한 준비로서 서구식 교육을 받을 필요도 없고, 어떤 고등교육을 받을 필요도 없다. 그들은 이미 준비를 갖추고 있으며, 우리가 그들에게 줄 수 있는 최고의 것을 그들은 이미 간직하고 있다."

아펜젤러도 배재학당에서 대학의 모습까지 내다보고 있었으며, 그의 가르침을 받으러 오는 모든 학생들에게서 장래의 국가고문, 한국을 혁신할 인재, 의의 왕국을 건설할 힘들을 볼 수 있었다.[230] 따라서 한국 근대사에 있어서 개신교는 각성한 지식인들에 의해 민족의 자주독립을 지키고, 근대민족국가수립을 위한 사상적 바탕으로 받아들여졌던 것이다.

어떤 한국인 지도자는 한국의 유일한 희망은 교회에 있으며, 한국민은 도덕심이 결핍되어 있는데, 교회는 그 결핍됨을 메꾸고 있고, 그리하여 일반국민을 개종하고 교육하는 것이 한국을 위한 하나의 구제책이 된다고 말했다.[231]

---

228) 김민영, 『한국초대교회사』, 쿰란출판사, 1998, 21쪽.
229) 전택부, 『한국기독교청년회운동사』, 범우사, 1994, 22쪽.
230) 윌리엄 그리피스(이만열 옮김), 앞의 책, 180쪽.

실제로 초기 기독교 신자들 가운데는 봉건체제를 개혁하고 민족의 위기를 해결하는 수단으로 기독교에 입교하는 경우가 많았다.232) 그리피스는 당시 근대민족국가수립에 진력하고 있었던 의식 있는 지식인층의 기독교에 관한 인식을 다음과 같은 서사시적인 감격으로 표현했다.233)

"새로운 종교에 직면한 지각 있는 조선 사람들은 생각과 행동하는 면에서 새로운 용기를 얻게 되었다…새로운 교리는 악마와 악령에 마비된 노예상태로부터, 조상숭배로부터, 그리고 무덤 안에서 뻗쳐 나온 손에 장악된 왕권으로부터 그 개종자들을 해방시켜 주었다. 거짓된 경제개념에 의해 쇠고리와 같은 것으로 죄어 있던 조선에 자유경쟁의 사상이 주입되었다."

그 시대의 한 작가는 이 신기원의 개시를 아래와 같이 서술했다.234)

"새 기원의 여명이 밝았으니 개화라는 개혁기이다. 신설된 학부는 근대교육을 고안 중이다. 철도부설도 계획했다. 기차는 서울과 한강입구까지 운행되고 있다. 궁내와 관공서에서는 일요일을 쉬는 날로 지키고 있다. 정부의 높은 자리들은 외국에 나가 살아본 양반자제들이 차지하게 되었다. 그중에는 10년 이상 해외생활을 경험한 사람들도 있다. 그들은 문명국가의 축복 상을 경험해 보았으므로 귀국하여 자국의 사회개량에 기수들이 되게 되었다. 상인이나 농부나 기타 실력

---

231) H.G. 언더우드(이광린 역), 앞의 책, 추천사.
232) 이준식, 「일제침략기 기독교지식인의 대외인식과 반기독교운동」, 『역사와 현실』 10호, 역사비평사, 1993, 15쪽.
233) 민경배, 『한국기독교회사』, 연세대학교출판부, 1993, 238쪽.
234) 백낙준, 앞의 책, 185-186쪽.

층 국민들이 모두 정당한 세금징수와 정부재정의 정당한 지출이 있을 가능성을 환영하고 있다. 개화운동이 출발한지 몇 달이 못 되어 벌써 기세를 올리게 되어 지금 와서는 일반 여론이 모두 찬성하고 있다. 외국사상, 의복, 시설, 법률, 관습, 지식을 좋게 말하고, 종래의 관습은 무리무익(無理無益)한 것으로 여기게 되었다. 즉 새로운 변국(變局)에 대한 기대의 풍설은 정부 내와 시골벽촌에까지 퍼지고 있으며, 이러한 세론은 일반의 반대보다 찬성을 더 얻고 있다. 이러한 사회적 정치적 변천을 가져온 새 시대는 정부 측의 기독교에 대한 태도에도 변화를 가져왔다. 신 각료들과 그들의 측근자들 중에 몇 사람은 외국에 가 있는 동안 기독교를 신봉하고 교회의 교인도 되었다. 그밖에도 여러 사람이 종교자유의 혜택을 경험하기도 했다. 대군주와 왕비께서는 지난 겨울 동안 시의(侍醫)로 있는 선교사들로부터 구원의 진리의 개략을 성의 있게 들으셨다. 고위층 관헌 중에는 성경과 기타 종교서적을 청구하기도 했고, 읽고 토론하기도 했다. 금년 봄에 일반민중이 설교를 들으러 많이 몰려 들어오고 있는데 일찍이 볼 수 없던 현상이다. 예배처소는 가득 차고 문밖에 전도인의 말소리가 들리는 뜰 안에는 사람으로 들어찼다. 노방전도에도 사람이 이전보다 많이 모이고 있다. 지방에는 전도범위가 넓어지는 동시에 상류층도 접촉하고 있다. 과거에 선교사들을 멀리하던 사람들이 지금 와서는 접근하려 하는데 그런 실례는 한둘이 아니요, 도처에 많이 있다."

즉 근대민족국가수립운동이 시작되고, 해외생활을 경험한 사람들이 고위관료층이 되는 등 새로운 서구문명의 발전이 표면적으로나마 가시화되면서 일부 각성한 지식인들뿐만 아니라, 일반 민중들 사이에서도 기독교를 '힘의 종교'로 인식하고, 기독교를 사상적 수단으로 하여 나라를 근대화시키고 부국강병하게 하려는 의도를 가지게 되었던 것이다.

그리하여 당시 기독교로 입교하는 많은 사람들이 갖고 있는 중요한 동기는 보호와 힘에 대한 욕구였다. 그리하여 수없이 많은 단체들이 생겨났는데 대부분 지향하는 바가 정치적인 것이었다.[235] 특히 독립협회의 기관지였던 『독립신문』 1899년 9월 12일자 「나라의 근본」이란 논설에서는 다음과 같이 주장했다.[236]

> "하나님이 세상 만물을 내실 때에 사람에게 자유로운 권리를 주시고 만물을 임의로 다스리며 일용산업에 취하여 쓰게 하였으니 하나님의 도를 존경하는 사람이라야 능히 자유의 권리를 남에게 뺏기지 않을 것이오, 사람마다 자유권을 잃지 않으면 나라는 반드시 자주권세가 단단할 것이다."

더 나아가 『독립신문』에서는 기독교를 신봉하는 나라와 세계의 부강국·일등국이 불가분의 관계에 있음을 다음과 같이 시사하고 있다.[237]

> "구라파 안에 일등 각국들은 다 기독교를 믿는 나라들이다. 오늘날에 이르러 예수를 믿고 신구약을 펴 놓은 나라는 사람마다 본분 지킬 줄을 알아서 부강함을 이루었으니. 서양 각국에 구세주를 숭봉하는 나라들은 하나님을 공경하고 사람을 사랑하는 고로 법률을 실시하고 정치가 문명하여 백성이 요족하고 나라가 부강하다."

---

235) 한국기독교역사연구소, 『한국기독교의 역사』 1, 260쪽.
236) 한규원, 앞의 책, 154쪽.
237) 이만열 외 지음, 『한국기독교와 민족운동』, 23쪽.

이는 하나님을 믿는 기독교는 곧 나라의 자주독립과 부강의 기초가 됨을 주장한 것이다. 1898년 5월 28일자 『매일신문』에서도 "지금은 대한에도 예수 그리스도를 믿는 동포가 많이 있으니... 믿지 않는 동포를 위해 예수교가 나라의 문명부강과 독립자주의 근본이 되는 줄을 깨닫게 하노라"는 내용을 보도하기도 했다.

기독교 자체에서도 1897년 7월 7일 『조선그리스도 회보』에서 다음과 같은 주장들을 통해 기독교 신봉이 곧 개화의 일환임을 밝히고 있다.[238]

> "조선 사람들이 항상 말하기를 유도가 제일 좋다 하니 우리도 공맹의 말씀을 그르다 하는 것이 아니로되 청국과 조선은 그 도를 인연하여 나라를 다스리되 점점 미약하고 영국 같은 나라들은 공맹자를 모르건마는 천하에 제일 부강하고 문명함은 하나님을 섬김이라. 바라건대 학문만 공부할 것이 아니라 하나님의 도를 행하여 참 개화한 사람이 되기를 바라노라...조선 우리의 교리가 경향에 더욱 흥왕하여 나라가 개화하기를 간절히 바라노라...차차 우리 교회가 흥왕하여서 조선이 속히 개화에 진보가 되기를 간절히 바라노라."

일찍이 박영효는 1884년 갑신정변의 실패로 일본에서 망명생활을 하다가 귀국한 뒤, 일본에 수신사로 가 있던 중 1885년 3월 의학박사로서 감리교 목사 안수를 받고, 한국에 오기로 되어 있는 일본 요코하마에 체류하고 있었던 스크랜턴 목사에게 이런 말을 했다.[239]

---
238) 위의 책, 23-24쪽.
239) 민경배, 『한국기독교회사』, 2017, 125쪽.

"선교사들이 이 나라에서 할 일은 얼마든지 있습니다. 우리 백성이 지금 필요로 하고 있는 것은 교육과 기독교입니다. 선교사들과 또 선교사들이 세운 학교를 통해서 우리 백성을 교육하고 향상시킬 수 있을 것입니다. 우리의 재래 종교는 지금 기운이 다했습니다. 이 백성이 기독교로 돌아오게 할 수 있는 길은 지금 환히 열려 있습니다. 기독교 교사들과 사업인들의 일군(一軍)은 우리나라 어느 모퉁이에도 화급하게 필요합니다. 우리가 합헌적인 개혁을 하기 이전에 반드시 우리는 교육과 기독교화를 서둘러야 하겠습니다."

갑신정변 실패 후 일본으로 망명한 박영효와 서재필, 서광범 등은 친선교사적인 분위기 속에서 지내게 된다. 한국에 입국하기 위해 일본에 와 있던 최초의 미국 선교사들에게 개화파 젊은 개혁가들은 매력적인 대상이었다. 그들은 서구문명을 동경하는 사람들이었고, 한국의 개혁과 개방을 원하는 젊은 지성인들이었다. 또한 개화파 망명자들의 입장에서 보면 미국 선교사들은 고립 무원한 자신들을 도와줄 수 있는 사람들이었다. 자신 때문에 부모·형제·아내·자식이 반역죄인으로 살해당하거나 자살 또는 굶어 죽었던 서재필은 필사의 탈출 끝에 박영효, 서광범 등과 함께 도쿄에서 난민신세가 됐다. 서재필은 요코하마에 있던 한두 명의 미국인이 아니었더라면 자신은 추위와 굶주림으로 죽었을 것이라고 회고했다. 이들 세 사람은 일본 망명기간에 전혀 예상치 못한 선교사들을 만나게 돼 도움을 받게 되는데 그들이 바로 스크랜턴과 언더우드였다. 서재필은 언더우드에게 한국어를 가르치고 대가로 영어를 배웠다. 언더우드는 그에게 영어 철자만이 아니라 주기도문을 정성껏 가르쳐 주었다. 언더우드는 특히 그들의 딱한 사정을 듣고 미국 동부에 사는 자신의 형존 언더우드에게 연락해 보라고 소개장을 써주기도 했다. 박영효는 스크랜턴에게 한국어를 가르치고 대신 영어를 배웠다. 세 사람은 스크랜턴과 언더우드 등의 도움으로 초신자가 됐다.240)

갑신정변의 핵심이었던 김옥균 역시 불교 신자였음에도 불구하고 한국의 근대화와 부국강병을 위해서는 기독교를 수용해야 한다고 했으며, 맥클레이의 집을 몰래 방문하여 기독교 선교에 대한 관심을 표명하기도 했다.241)

서재필은 미국으로 망명하여 기독교 신자가 되어 이후 독립협회 운동의 핵심세력이 되었다. 독립협회 회장까지 지냈고 독립협회 운동을 정치운동으로 발전시켰던 윤치호는 상해 유학시절에 기독교 세례교인이 되었는데, 기독교 국가인 미국이야말로 자유롭고 행복한 나라이고, 따라서 기독교를 한국의 구원이요 희망으로 인식하고 기독교화를 이룩하는 것이 근대화라고 생각하기도 했다.

그리고 1894년 이후 적극적으로 기독교가 확산되면서 유길준, 이상재, 이승만, 안창호, 안국선, 신흥우 등이 교인이 되었다. 특히 이들 가운데 기독교적 문명개화를 강력하게 주장하던 사람은 이승만이었다. 배재학당에서 서재필과 선교사들의 기독교적 분위기에서 학업을 했던 그는 그 후 독립협회 사건으로 옥중생활을 하면서 기독교로 개종했다. 1903년 옥중에서 「예수교에 대한 장래의 기초」라는 글을 쓰면서 유교는 새 시대에 맞지 않다는 점을 지적하고, "예수교

---

240) 이만열, 『한국 기독교 수용사 연구』, 127쪽; 류대영, 『한국 근현대사와 기독교』, 34-35쪽; 「힌국 기독 역시 여행 - 밀씀 집한 도쿄 난민」, 『국민일보』, http://m.news.naver.com (2018.8.10.)
241) 이만열, 『한국 기독교 수용사 연구』, 127쪽; 한규원, 앞의 책, 37쪽; 노치준, 『일제하 한국기독교 민족운동연구』, 한국기독교 역사연구소, 1993, 40쪽.

는 본래 교회 속에 경장하는 주의를 포함한 고로 예수교가 가는 곳마다 변혁하는 힘이 생기지 않는 데가 없고, 예수교로 변혁하는 힘인 즉 피를 많이 흘리지 않고 순평히 되며 한 번 된 후에는 무궁하여 상등문명에 나아간다"라고 하여 기독교를 믿어야 변혁과 문명을 이룰 수 있다고 주장했다. 그는 기독교를 받아들여 정치변혁의 토대를 마련하고 그 위에 서구의 정치제도를 받아들여 내정을 개혁할 것을 주장했던 것이다.[242]

이승만이 이런 입장에서 독립을 이루기 위해 쓴 책이 『독립정신』이었다. 이 책에서 그는 "지금 우리나라가 쓰러진 데서 일어나려 하며, 썩은 데서 싹이 나고자 할진대 기독교로써 근본을 삼지 않고는 세계와 상통하여도 참 이익을 얻지 못할 것이며, 주권을 중히 여겨도 참 동등 지위에 이르지 못할 것이며, 의리를 숭상해도 한결같을 수 없을 것이며, 자유 권리를 중히 지키려 해도 평균한 방안을 알지 못할 것이다. 우리는 마땅히 기독교로써 만사의 근원을 삼아 각각 나의 몸을 잊어버리고, 남을 위하는 자 되어 나라를 일심으로 받들어 영국·미국을 비롯한 각국과 동등이 되게 하며, 이후 천국에 가서 다 같이 만납시다"라고 하면서, 영국·미국과 동등한 문명국이 되기 위해서는 기독교에 근본 해야 한다고 주장했다.[243]

이러한 인식은 윤치호나 이승만에게만 국한된 것은 아니었다. 정도의 차이는 있지만 많은 지식인들이 한국의 기독교화를 개화의 첩경으로 여기고 있었다.

신채호도 『대한매일신보』(1910.2.22-3.3)에 발표한 「20세기의 신국

---

242) 김행선, 『한국근현대사 강의』, 194쪽.
243) 위의 책, 194-195쪽.

민」이라는 논설에서 신국민이 되기 위해서는 20세기에 걸맞는 새로운 종교를 가져야 할 것을 다음과 같이 주장했다.

> "종교는 국민에게 좋은 감화를 주는 한 대기관이다. 국민의 정신과 기개가 이에 기초하는 바가 많으며, 국민의 정의와 도덕이 이에서 나오는 바가 많으니 저 유럽 열강이 종교와 교육을 자매의 관계로 보고 보호 확장하는 것은 이 때문이다…그러나 지금 한국 종교계에 있어서 가장 힘쓸 것은 유교를 개량하는 동시에 그 발달을 힘써 꾀하고, 예수교를 확장하는 동시에 그 정신을 전함이다."

특히 국권상실 시기인 1905년 이후 기독교에 대한 사회적 기대가 충만했다. 개화론자들은 당시의 사회문제를 해결하기 위해서는 당시 거론되던 재력과 무력 같은 유형의 자강보다는 종교의 힘인 무형의 자강에 근본 해야 한다고 주장했다.244) 『대한매일신보』 1905년 12월 1일자 「신교자강(信敎自强)」이란 논설에서는 국가에는 무형의 자강과 유형의 자강이 있는데 무형의 자강은 종교의 힘이라고 하며 다음과 같이 말하고 있다.245)

> "무형의 자강은 신교력(信敎力)이 그것이다. 그러므로 자국의 종교와 자국의 역사를 능히 보전하면 독립정신이 전멸하는 데 이르지 않을 것이다. 국권을 회복하기 위해서는 무형의 힘이란 것이 있은즉 금일에 대한 현상을 관찰한즉 유형의 힘은 없어도 무형의 힘은 기대할 만하다. 이러한 힘이란 바로 종교사회인데, 오늘날 대한제국의 현상을

---

244) 김도형, 『대한제국기의 정치사상연구』, 지식산업사, 1994, 30-31쪽.
245) 한규원, 앞의 책, 160쪽; 김행선, 『한국근현대사 강의』, 193쪽.

바라보니 야소신교도가 수십만에 달하고 있다. 야소교도들은 스스로 맹서하여 국가의 독립을 상실하지 않도록 상천에 기도하고 동포에게 권유하는 것이 대한 독립의 근본적인 기초가 될 것이다."

이는 국가의 자주독립을 무형의 힘인 종교, 그중에서도 기독교와 기독교인에게 기대하고 있는 것이다. 그리하여 『대한매일신보』는 기독교인에게 투철한 애국심, 단결심, 자립심 등을 가질 것을 촉구하는 동시에 그들로 하여금 적극적으로 항일투쟁에 나서도록 자극을 주기도 했다. 예를 들어 『대한매일신보』 1905년 10월 11일자 기사에서는 나라가 위난에 처한 때에 교회나 기독교인들이 해야 할 일은 민족의 이상으로서 하나님이 내려 준 고유한 자주독립의 권리를 지키는 일이라고 주장한 바 있다.[246]

이상과 같이 개항 이후 선각적인 지식인들은 1920년대 사회주의 사상이 수입되기 전에 서구사상인 기독교를 가장 힘 있는 사상으로 인식했으며, 기독교를 통해서 근대민족국가수립을 위한 모색이 이루어지기도 했던 것이다.

개화기 한국 기독교는 여러 방면에서 한국사회의 근대화 혹은 개화에 지대한 공헌을 했다. 구한말 무능하고 부패한 정치질서의 몰락과 봉건주의 경제질서의 붕괴, 그리고 가치 갈등과 계급 갈등으로 인한 사회적 혼란과 무규범이 한국사회를 위기상황으로 몰아가고, 무지와 미신, 빈곤과 질병, 계급차별과 성차별이 만연하고 있을 때 들어온 개신교는 한국사회를 변화시키는 하나의 원동력이 되었다.

---

246) 한규원, 앞의 책, 159쪽; 김행선, 『한국근현대사 강의』, 193쪽.

즉 선교 초기의 한국교회는 한국사회의 개화와 근대화에 중심적 역할을 담당했다. 비록 그 교세는 미약했지만 사회발전에는 커다란 공헌을 한 것이다. 당시 기독교는 근대화된 변형의 이데올로기를 갖추고 있었고, 사회변동을 주도할 지도자들을 많이 가지고 있었으며, 동원할 수 있는 인적·물적 시설 자원들을 가지고 있었다.[247]

그리하여 당시 많은 지식인들은 한국의 기독교화를 통해 근대화와 부국강병을 달성하려고 했던 것이다. 당시 지식인들은 개신교를 봉건체제를 개혁하고, 민족의 위기를 해결하는 개화와 구국의 한 방편으로 생각했다. 그 결과 개신교는 민족의식을 가진 한국인들의 결집체가 되었고 독립협회, 만민공동회와 일정한 관련을 맺으면서 이후 3·1운동이 발생하는 역사적·사상적 배경이 될 수 있었던 것이다.

---

[247] 이원규, 「한국기독교의 사회변동적 기능」, 이삼열 외, 『한국사회발전과 기독교의 역할』, 한울, 2000, 29-31쪽.

제2장
3·1운동과 기독교

제1절 3·1운동의 발생

박은식은 『한국독립운동지혈사』에서 3·1운동에 대해 "1919년 3월 1일은 우리나라 2천만 민족이 정의·인도의 기치를 높이 들고 충(忠)과 신(信)을 갑옷으로 입고, 붉은 피를 포화로 대신하여 창세기 이래 '미증유의 맨손혁명'으로 세계무대에서 활동한 특기할 만한 날이다"[1]라고 기술하기도 했다. 이렇게 '맨손혁명'이라고 표현된 3·1운동의 사상적 배경은 다음과 같이 지적할 수 있다.

낭만적 공산주의자인 김산의 일대기를 그린 님웨일즈의 『아리랑』에 보면 당시 윌슨 대통령의 민족자결주의 사상과 기독교 사상이 얼마나 큰 위력을 갖고 '식민지 조선인'들에게 희망을 주고 있었는지 알 수 있다.[2]

> "그날 아침 선생님은 엄숙하고 극적인 모습으로 교단에 올라와서 우리 생애에 결코 잊을 수 없는 훌륭한 말로 충만된 연설을 하셨다. 그 내용은 이렇다. 그들은 국민 전체의 목소리에 귀를 기울이지 않을 수 없다. 윌슨 대통령은 강화회의에서 민족자결주의의 원칙을 위하여 싸우고 있으며, 모든 나라와 모든 인민들을 위해 민주주의를 지키려고 분투하고 있다. 대통령 뒤에는 세계에서 가장 유력한 국민이 버티고 있다. 일본이 한국을 노예화하는 것을 미국은 용납하지 않을 것이다. 우리는 단지 독립과 민주주의만을 요구하고 있을 뿐이다. 이것은 어느 민족이나 천부적으로 가지고 있는 권리이다. 우리는 무기를 든다거나 폭력을 써서 대항하는 것이 아니다. 우리의 정당한 요구는 거부

---

1) 박은식(남만성 역), 『한국독립운동지혈사』 상, 서문문고, 1979, 157쪽.
2) 김행선, 『한국근현대사 강의』, 선인, 2012, 411-412쪽.

될 수 없다. 대한독립 만세! 우리는 '정말로 강화회의에서 한국을 도와줄까요?' 하고 선생님께 열심히 물어보았다. 선생님께서는 강력하게 주장하셨다. '세계의 모든 신문이 우리의 대규모 대중시위를 보도할 것이다. 열강들이 베르사이유에서 이 이야기를 듣게 되면 한국을 내버려두지 않을 것이다. 그들의 양심이 눈을 뜰 것이다. 강화회의에서 일본은 그다지 발언권이 없다. 열강의 국민은 자기네 지도자가 약소민족을 배반하는 행위를 용납하지 않을 것이다. 새로운 세계가 시작되고 있다…강화회의의 결정을 준수하고 민족 간의 평등에 동의하기만 한다면 우리는 일본과도 손을 잡을 것이다. 우리는 단지 친구를 찾고 있을 뿐이다. 적은 만들고 싶지 않다…선생님은 우리를 이끌고 거리로 나갔다. 우리는 수천 명의 다른 학생, 시민들과 함께 대오를 이루어 노래를 부르고 구호를 외치면서 거리를 누볐다. 나는 너무나 기뻐서 가슴이 터질 것만 같았다. 모든 사람들이 환호했다. 나는 너무나 흥분한 나머지 하루 종일 밥 먹는 것도 잊어버렸다. 3월 1일에 끼니를 잊은 한국인은 수백만 명은 될 것이다…이것이 나로서는 처음으로 정치의식에 눈을 뜨게 된 계기였다. 대중운동의 힘이 내 존재를 뿌리로부터 뒤흔들어 놓았다…전국에서 도합 이백만 이상이 시위에 참가했다. 재산도, 농사일도, 일신상의 안전도 애국열의 물결 속에서 모조리 잊어버렸다. 이것은 인류 역사가 시작된 이래 가장 특이한 운동이었다. 그것은 자연발생적인 봉기 아닌 봉기였고, 순교의 자세는 되어 있으나 어떠한 형태의 폭력도 거부하는 하나의 기독교적인 이상주의적 저항운동이었다. 운동 전반의 구호는 아주 간단했다. '조국의 독립을 위하여 평화적으로 싸우자.' 어디서나 평화롭게란 말을 주장했다."

이처럼 김산은 당시 사람들이 민족자결주의 사상에 대한 기대감을 갖고, 또한 기독교적 이상을 실현하려는 비폭력적 저항운동을 전개했음을 밝히고 있다.

일제는 '조선'을 강점한 뒤 모든 사회단체들을 강제로 해산시키고, 연설회·강연회 등 집회도 금지시켰다. 종교단체의 집회가 제한적이지만 전국적인 조직으로 유일하게 허용되었고, 그 다음 학생들의 조직이 있었을 뿐이었다.[3] 즉 기존의 전국적 조직체나 사회단체로서 그때까지 국내에 남아 있던 것은 오직 종교단체나 학교뿐이었으며, 이 두 세력만이 당시 유일하게 조직적으로 묶여져 있어 힘을 발휘할 수 있었다.

박은식은 3·1운동의 준비단계에 관해 『한국독립운동지혈사』에서 1918년 10월 독립운동의 본부가 서울에 생겼다고 했으며, 이는 반만년 역사의 정신으로 세계의 정의·인도에 순응하고 민족자결주의에 호응한 것이라고 보았다. 그 운동의 동기를 보면 최남선·현상윤·송진우·최린 등 여러 사람에 의해 은밀하게 연구되고, 천도교의 손병희·권동진·오세창 등 여러 사람과 기독교의 이승훈·박희도·함태영 및 불교의 한용운·백용성 등이 계책을 상의하여 독립운동본부를 서울에 두고, 내외 요지에도 각 기관을 두어 거국일치의 활동을 준비했다고 전하고 있다.[4]

여러 사람은 손병희를 맹주로 추대했고, 운동계획의 규모는 대체로 손병희가 세웠다. 이에 운동을 위한 각종 자금은 모두 천도교에서 담당했고, 독립선언서 및 일본에 대한 통고는 최남선이 직접 써서 운동이 있는 날에 배부할 수 있도록 준비했다.[5] 그리고 선언서의

---

[3] 이현희, 『대한민국 어떻게 탄생했나』, 대왕사, 1997, 16쪽.
[4] 박은식(남만성 역), 『한국독립운동지혈사』, 상, 서문문고, 1979, 141쪽.
[5] 위의 책, 141쪽.

배포는 천도교, 기독교, 불교, 학생단 등으로 나누어 지역별과 교구, 교회, 사찰 등을 중심으로 책임을 맡아 분담하기로 결의했다.6)

한편 유수한 종교단체로서는 불교, 유교, 개신교, 천주교, 천도교 등이 있었으나 당시 국내에서 큰 조직과 인적·물적 세력을 갖고 있던 종교단체는 천도교와 개신교였다. 불교는 실질적으로 가장 많은 신도를 가진 종교지만 조선시대 이래 억불체제에서 갓 벗어나 교단 정비에 급급했고, 동시에 일제의 간교한 일본 불교화 정책에 휘말려 조직의 통일성이나 동원능력은 다른 종교에 비해 현저히 떨어지는 형편이었다.7)

천도교의 경우는 광범한 농민층을 기반으로 전국에 161개 교구, 13만-100만 명의 교도를 가지고 있었다.8) 천도교의 산하조직으로는 농민동맹과 부인동맹, 청년동맹이 있었다. 3·1운동이 발생한지 4개월이 지난 1919년 7월 미국인 C.W. 켄달에 의해 샌프란시스코에서 출판된 『한국독립운동의 진상』이라는 책에는 아래와 같이 기술되어 있다.9)

> "이들 단체 중 그 규모가 가장 큰 천도교는…실제로 보면 하나의 거대한 정치집단으로서 신도는 300만이 넘는 애국적인 한국인으로 구성되어 있었다. 조용히 그리고 주의 깊게 숙고하면서 천도교도들은 그들이 부딪칠 그날을 위해 예비하고 있었다. 그러던 중에 유럽에서

---

6) 이현희, 앞의 책, 17쪽.
7) 김행선, 『한국근현대사강의』, 424쪽.
8) 류청하, 「3·1운동의 역사적 성격」, 안병직·박성수 외, 『한국근대민족운동사』, 돌베개, 1980, 456-457쪽.
9) C.W. 켄달(신복룡 역주), 『한국독립운동의 진상』, 집문당, 1999, 41-42쪽.

제1차 세계대전이 일어나고 미국 대통령 윌슨이 1917년 상원에서 '자기 자신에게 적대적인 교의와 목적에 몰두하고 있는 정부의 권력 아래에서 살아온 모든 인민들은 이제부터 생명과 종교와 산업적·사회적 계발에 대해 침해당할 수 없는 안전을 보장받아야 한다'는 위대한 연설과 더불어 그때가 온 것이었다."

기독교는 전국에 약 2,500개의 교회와 20만 명의 신도를 갖고 있었으며, 전국 단위의 조직체계, 기독교계 사립학교 교사와 학생이라는 인적 자원, 그리고 선교사를 통한 해외와의 연계를 보유한 특이한 종교였다.10) 특히 3·1운동에 참가한 개신교는 조직 면에서는 여타 종교보다 막강한 체계를 이루고 있었다. 가장 크고 전국적인 규모이며, 비교적 여러 단위 조직들 간의 결속이 큰 조직이었고, 그 외곽단체로 YMCA와 YWCA가 있었으며, 서구 여러 나라들과 연결된 세계적 규모의 종교단체였다.11)

또한 개신교는 당시 국내 및 국외에 가진 단단한 유기적 연락체제에서 그 조직적 힘을 발휘했다. 1920년대 말기 기독교인은 인구의 2%에 불과했으나 교회는 도덕적·정신적으로 가장 큰 영향력 있는 기관으로 인정받고 있었으며, 관료집단 이외에는 그만큼 짜임새 있고 활력이 넘치며 목적의식이 뚜렷한 집단도 없었다.12)

특히 독립운동의 정신적 지주가 된 종교 가운데 가장 영향력이 큰 것은 기독교였다. 기독교 선교사들은 한국의 청년들에게 민주주의 원칙과 자유정신을 가르쳤다. 한국인들은 기독교를 일제 만행으로

---

10) 한국종교연구회, 『한국종교문화사 강의』, 청년사, 1998, 331쪽.
11) 김행선, 『한국근현대사 강의』, 425쪽.
12) 민경배, 『한국기독교회사』, 연세대학교 대학출판문화원, 2017, 478쪽.

부터의 도피처로 삼았고, 이 과정에서 기독교의 자유정신은 자연스럽게 한국의 젊은이들 가슴속에 뿌리를 내릴 수 있었다.13)

기독교인들은 자유정신과 정의감이 투철했기 때문에 일본인 관리들은 3·1운동을 이들이 선동했다고 주장했다. 3·1운동에 가담하여 체포된 일부 한국인들은 주동자가 누구냐고 물으면 서슴지 않고 전능하신 하나님이라고 대답했다.14)

그러나 천주교와 구세군은 3·1운동에 참여하지 않았다. 당시 천주교 주교들은 소위 정교분리의 원칙을 내세우며 카이사(로마황제)의 것은 카이사에게 바쳐야 한다고 강변하면서 다음과 같이 변명하였다.15)

"일본정부는 합법적인 정부이므로 우리 가톨릭에 있어서는 절대로 국가위정에 유일한 원조가 되려니와 위정을 방해하는 점은 없습니다...그리스도께서는 일찍이 말씀하시기를 천주의 것은 천주께 바치고, 카이사의 것은 카이사에게 바치라 하시지 아니 하였습니까? 우리 가톨릭은 '카이사의 것은 카이사에게 돌려주라'는 예수의 말씀을 지켰습니다. 그래서 우리 신자들은 이 운동에 가담하지 않았습니다. 그러나 이로 인해 곤란한 일이 생겼습니다. 왜냐하면 프로테스탄트 단에서는 이 운동의 선봉에 섰으며, 가톨릭의 이런 입장은 애국심의 결여라고 폭로하길 서슴지 않기 때문입니다."

---

13) 이상철, 『신문의 역사』, 커뮤니케이션북스, 1999, 274쪽; 김행선, 『한국근현대사 강의』, 425-426쪽.
14) 이상철, 위의 책, 277쪽.
15) 문규현, 『한국천주교사』 1, 빛두레, 1994, 126-128쪽.

뮈텔 주교 역시 이렇게 말했다. "본인은 우리 가톨릭이 이 운동에 가담하지 않음으로써 정부에 대한 충성의 좋은 모범을 보여 주었다고 말할 수 있습니다."16) 물론 개별적으로 천주교에서도 극소수의 사람이 3·1운동에 참여한 경우도 있었지만, 공식적으로는 3·1운동에 거의 참여하지 않음으로써 일제에 대한 충성심을 보여주었다.17)

학생층은 개화사상과 민족의식 고취의 거점 역할을 했던 기독교계 사립학교에서 배출된 경우가 많았다. 기독교청년회(YMCA) 학생 중심의 운동을 계획하던 YMCA 간부 박희도 등은 김원벽 등 전문학교 학생 대표들과 민족독립연합전선에 관한 계획을 협의했다. 원래 학생단은 학생들 단독의 독립시위운동을 계획했으나, 천도교·불교·기독교의 연합전선을 준비하던 종교계에서 합류할 것을 종용하여 이에 합류했던 것이다. 이에 따라 일본 유학생 단체와 국내 각 학교의 학생단체는 모두 한 덩어리가 되어 연락하였고 2백만 명의 단원이 집결되었다.18)

서울에 있는 18개 학교의 학생들 중 의식 있는 학생들은 모두가 같은 생각을 가지고 있었고, 지방출신의 학생들도 겨울방학인데도 귀가하지 않고 여관에 묵으면서 자유 독립을 위한 운동준비를 했다. 각 여학교 학생들도 모두 일어나 행동일치의 애국헌금을 하여 운동의 준비자금을 마련하려고 했다. 재일 유학생과 국내 지방 각 학교의 학생들이 서로 연락을 취했으며, 중국의 상해와 북간도에서도 대표가 경성에 와서 협의했다.19)

---

16) 위의 책, 126쪽.
17) 김행선, 『한국근현대사 강의』, 426쪽.
18) 위의 책, 427쪽.

이러한 준비를 마치고 천도교, 개신교, 불교 등 종교단체 지도자들은 그 사회적 세력과 대중동원 역량을 기반으로 개신교 인사 16인(장로교 7명, 감리교 9명; 길선주·김창준·이승훈·이갑성·박희도·신홍식·정춘수·신석구·이필주·이명룡·유여대·양전백·오화영·박동완·최성모·김병조), 천도교 15인(손병희·권동진·최린·오세창·임예환·권병덕·이종일·나인협·홍기조·김완규·나용환·이종훈·홍병기·박준승·양한묵), 불교 2인(한용운·백용성)을 포함해 33인의 민족대표를 선정한 후 2월 28일 서명 날인을 완료했다.

초기 주도층의 대표적인 49인의 종교(직업)를 보면 천도교 19인(道師 12인), 기독교 22인(목사나 장로 17인), 불교 2인(승려), 기타 6인(교사 7인, 학생 2인, 사무원 6인, 기타 3인)으로 대부분이 각 종교의 지도자였음을 알 수 있다.[20] 또한 기독교, 천도교, 불교 모두 40,50대가 주가 된다는 점에서는 같지만, 기독교가 30,40대 위주임에 비하여 천도교는 50,60대가 위주였다.[21]

민족대표들은 수차례의 회합을 거듭하면서 운동전개의 3원칙으로서 대중화·일원화·비폭력노선을 정했다.[22] 특히 개신교 지도자들을 비롯해서 종교인들은 일제의 선의와 미국의 인도 및 정의에 대한 환상을 버리지 못하고, 독립선언과 독립청원이라는 소극적 운동방식 가운데서도 더 소극적인 청원론을 선호하는 경향을 보였다. 예를 들어 민족대표의 한 사람이었던 기독교 목사이자 한국개신교 역

---

19) 박은식(남만성 역), 『한국독립운동지혈사』 상, 1979, 141쪽.
20) 한국종교연구회, 앞의 책, 331쪽.
21) 김소진, 『한국독립선언서 연구』, 국학자료원, 1999, 120쪽.
22) 이지원, 「3·1운동」, 『한국사』 15, 한길사, 1994, 99쪽.

사상 최초의 부흥사였던 길선주는 "독립선언을 한 것은 알지 못하고 일본정부와 조선총독부에 조선독립을 허락해 달라는 것을 청원한다 하므로 이름을 냈다"고 말했다. 나아가 일부의 기독교 지식인들은 이 운동을 통해 독립보다는 자치를 청원하는 데 주안점을 두기도 했다. 예를 들어 정춘수는 "나의 생각에는 원조를 받자는 것이지 독립을 한다는 것은 아니다…교회의 목사들과 연락하여 청원서를 제출하는 것이 좋겠다고 생각했는데 그 청원서는 현재 시세에 따라 조선인에게 자치권을 달라는 의미"라고 설명했다.23)

그러나 천도교 측에서는 기독교 측에서 제시한 독립청원이 아니라 독립선언 방식을 강력히 주장하여 독립선언 방식을 채택하기로 관철시켰으며, 가장 적은 희생으로 가장 큰 효과를 얻기 위해 전 국민이 참여할 수 있는 비폭력 독립운동을 택하게 되었던 것이다.24)

이렇듯 민족대표 33인은 3·1운동을 발발하게 하는 기폭제 역할만을 담당했을 뿐 그들의 실제 모습들은 민족대표라고 불리기에는 너무도 나약한 모습이었다. 그러나 민족대표 33인이 무단통치 아래 독립선언서를 발표한다는 결의를 보여준 것은 하나의 용기였다고 할 수 있다.25)

그럼에도 불구하고 3·1운동과 민족대표 33인을 전체적인 그림에서 평가할 때 문제는 달라진다. 왜냐하면 이들은 자신들의 독립선언이 전 민족적으로 일제에 저항하는 운동으로 발전되는 것을 명백히 포기하고 3·1운동이 통일적인 지도부 없이 자연발생적으로 전개되

---

23) 이준식, 「일제침략기 기독교지식인의 대외인식과 반기독교운동」, 『역사와 현실』 10호, 역사비평사, 1993, 18쪽.
24) 황선희, 『한국근대사상과 민족운동』 1, 혜안, 1996, 226-227쪽.
25) 김행선, 『한국근현대사 강의』, 429쪽.

게 함으로써 많은 희생을 내게 했기 때문이다.[26]

　민족대표의 독립선언에 이어 주로 청년·학생·교사 등 지식인, 도시노동자 및 상인층에 의해 3·1운동은 전국의 주요 도시로 확산되었다. 독립선언에 그친 민족대표의 3·1운동을 전국의 주요 도시로 확산시킨 중개역은 학생과 젊은 지식인들이 담당했고, 여기에 도시노동자·상인 등이 호응했다.[27]

　박은식은 『한국독립운동지혈사』에서 다음과 같이 3·1운동의 발생에 대해 기록하고 있다.

"삼일운동의 모의는 처음 독립운동본부에서 비롯되어 극히 신중하고 면밀하게 주도되었다. 그러므로 거행할 시기와 집회의 위치는 오로지 각 단체의 지도자들과 각 학교의 대표들에 의해 결정되었고, 다수의 학생들과 단원들에게는 일체 미리 알리지 않았다. 2월 28일 밤이 되자 비로소 학생 2명을 파견하여 3월 1일 정오에 일제히 탑골공원에 모여 시위운동을 거행할 것을 통지하여 약속했다. 거사 시각이 되자 기약하지 않고 모인 학생들이 이미 천여 명이었다. 이리하여 9년 동안 그림자조차 볼 수 없었던 태극기가 한성(서울) 중앙에 돌연히 나타나 하늘 높이 펄럭이었다. 천도교인 한 사람이 몸을 날려 단상으로 올라가 독립선언서를 낭독했다. 낭독이 채 끝나기도 전에 만세소리는 우레같이 울려 퍼지고, 자그마한 태극기와 선언서가 마치 하늘에서 내리는 꽃비처럼 쏟아졌다. 그러자 모인 군중들은 모자를 벗어 던지며 미친 듯이 기뻐 날뛰었다. 이때 성중과 지방의 백성들도 합세하여 수십만의 군중이 성세(聲勢)를 도왔다. 앞에서 밀고 뒤에서 옹위하여 발이

26) 『한성대 신문』 1998.3.9.
27) 강만길, 『고쳐 쓴 한국현대사』, 창작과 비평사, 1994, 44쪽.

허공에 뜰 지경이었다…

　평소부터 우리 민족을 깔보고 독립할 자격이 없다고 말하던 서양인들도 이날에 벌였던 우리 민족의 씩씩하고 질서정연한 시위운동을 보고는 찬탄하여 마지않았다. '우리들은 한민족이 독립할 자격이 있음을 확신한다'고. 저 일본인 관리들은 이 광경을 보고 어찌할 바를 몰랐고, 그들 시민은 겁에 질려 바라보다가 달아났다. 이에 총독부는 많은 헌병을 파견하여 말을 몰아 칼을 휘두르면서 독립단이 대한문에 이르는 것을 막았다. 군중들이 칼날을 무릅쓰고 곧장 전진하니 그 기세는 파도와 같았으며, 일본 헌병들은 당황하여 겁을 먹고 자신도 모르는 사이에 칼을 떨어뜨렸다…이날 우리 민족 대표 30여 인은 태화관에서 나란히 축배를 들고 경무총감부에 전화를 걸어 '우리 독립단 대표 여러 사람들이 여기에 있다'고 통지했다. 그래서 총감부에서는 즉시 헌병과 경찰을 파견하여 대표들을 자동차에 태워 마구 달렸다. 독립단은 연도에 늘어서서 독립만세를 불렀고, 대표들은 군중들에게 독립선언서를 던져 주었다."[28]

　거사 당일 탑골공원에서 33인 민족대표들을 기다리던 학생들은 때가 되어도 이들이 오지 않자 별도로 탑골공원에서 민족대표를 대신하여 연전의 김원벽, 보전의 강기덕, 경성의전의 한위건 등의 학생들을 중심으로 독립선언서를 낭독했다.[29] 그리고 서울 학생들을 중심으로 전국 13도의 청년학생이 연락하여 최후 일인까지 정신과 피로써 희생할 것을 맹약했다.[30]
　3·1운동에 관계된 전문학교는 연전·세의전·보전·약전(藥專)·

---

28) 박은식(남만성 역), 『한국독립운동지혈사』 상, 1979, 157-158쪽.
29) 강재언, 『일제하 40년사』, 풀빛, 1984, 57쪽.
30) 이선근, 『학생과 정치』, 선문사, 1954, 253쪽.

경의전(京醫專) · 공전(工專) · 전수학교(專修學校) 등이었고, 중등학교는 경신 · 보성 · 중앙 · 선린상업 · 배재 · 중동 · 휘문 · 제일고보 · 양정 · 이화 · 정신 · 배화 등이었다.[31] 더 나아가 3·1운동에는 전문학교를 비롯해서 보통학교, 지금의 초등학교 학생들이나 서당에 다니는 학생들이 참가했다.

일제가 작성한 불완전한 자료에 의하더라도 중등 · 전문학교로서 3·1운동에 참가한 학교 및 학생 수는 220교에서 1만 2,880여 명에 달했다. 이는 중등학교 이상의 학교들은 거의 대부분 3·1운동에 참여했다는 것을 말해 준다. 더 나아가 3·1운동에 참가한 공립 보통학교는 전국적으로 68교로서 이는 학교 총수의 14%에 해당된다. 이 밖에도 사립초등학교 학생들이 적지 않게 3·1운동에 참가했다.[32]

중등학교 이상 모든 학교가 일본의 한국 통치에 반하여 휴교했다. 그리고 일제히 거리로 나와 행진을 하며 팔을 제치고, 모자를 던지며 만세를 외쳤다. 거리의 행인들도 합류했다. 온 도시에 기쁨의 함성이 울려 퍼졌다.[33]

전단지가 도심 거리 곳곳에 흩뿌려졌다. 전단지는 한국의 전 황제(고종)가 정부 앞잡이들에 의해 살해되었고, 살해 목적은 황제가 평화회의에 한국이 일본 통치에 불만을 품고 있다는 메시지를 보내는 걸 막기 위함이라고 했다. 거리는 "조선은 오늘 2시부터 자유다"라는 알림문이 쏟아졌고 사람들은 이걸 믿고 행복해했다. 교회 목회자들은 정부 내에서 한국인과 일본인의 동등한 권리행사를 요청하는 청

---

31) 최영희 외,『일제하의 민족운동사』, 현암사, 1982, 181쪽.
32) 김행선,『한국근현대사 강의』, 432쪽.
33) 매티 윌콕스 노블(손현선 옮김),『매티 노블의 조선회상』, 좋은 씨앗, 2010, 388쪽.

원서(독립선언문)를 제출했다. 이러한 시위는 만국평화회의 이전에 독립선언을 알리려는 계획의 일부였다고 한다. 거사는 한국, 하와이, 미국에서 평화회의로 파견된 사람들에게 통보되었다. 온 나라가 평화회의 특사들과 하나가 되어 평화회의에 앞서 메시지를 반포함으로써 연합국 대표단들에게 한국의 특사들이 전할 말에 힘을 실어주려는 분위기였다. 한국인들은 자신들의 한국을 향한 애국심을 세계의 뇌리에 각인시키길 매우 원했던 것이다.34)

멕켄지의 저서인 『Korea's Fight for Freedom』에 의하면 당시 사람들은 다음과 같은 호소를 하며 3·1운동에 참여할 것을 촉구하기도 했다.35)

> "우리들은 지금까지 속박되어 있다. 지금 이 순간 자유롭게 되지 않으면 우리들은 이제 다시 자유를 획득할 수 없다. 형제들이여, 하면 반드시 가능하다. 길은 있다. 용기를 잃지 말자. 지금 잠깐 동안만이라도 일손을 놓고 조선을 위해 외쳐라. 생명과 재산의 손해도 중요하나, 권리와 자유의 획득은 더욱 중대하다. 강화회의의 소식을 듣기까지 중단해서는 안 된다. 우리는 목석이 아닌 살아 있는 인간이다. 말 없이 물러나 있을 수 있겠는가? 왜 망설이고 용기를 잃는가? 죽음을 두려워하지 말라. 비록 우리가 죽는다 해도 우리 자손들이 자유의 기쁨을 누릴 것이다. 만세! 만세! 만세!"

한편 개신교에서는 한국인 목사들과 집사들이 지방의 회합에서 연단을 설치하고 교회학교 학생들과 관립학교 학생들 및 일반 군중

---

34) 위의 책, 389-390쪽.
35) F.A.Mckenzie, 『Korea's Fight for Freedom』, 연세대학교 출판부, 1975. PP.269-270.

들을 향해 승하한 고종황제의 약력과 함께 독립선언문을 낭독해 주고 군중들에게 독립운동에 관해 관심을 가져 달라고 연설을 했다.36)

서울 거리에서 사람들은 찬송가 206장 「어디든지 예수 나를 이끌면」을 곡조에 맞춰 불렀다. 그 내용은 이러했다.37)

"조선 민족 염원을 하나님께 올리네
우리의 기도를 들으소서
이 가엾은 민족 사망의 터에서 건지소서
당신의 의로운 손으로 우릴 구하시길 기도하네
(후렴; 만세만세 조선민족 만세만세 만만세)

우리는 하나님께 기도하네
우리의 마음을 당신으로 채우소서
비록 우린 연약하나 하나님의 권능으로
모든 조선인이 구원받길 기도하네

모든 민족의 구세주 되신 주님
동방의 모든 나라에서 우리에게 복 주사
구주의 뜻으로 이 땅을 천국으로 만드소서
영원에서 영원까지 항상 보호하시길 기도하네"

그리하여 학교와 교회 및 종교단체 그리고 청년학생들은 군중들에게 독립선언문을 낭독해 주고 이를 국기와 함께 배포했으며, 군중들은 한 아름씩 작은 국기를 들고 흔들며 만세를 부르면서 거리를

---

36) C.W. 켄달(신복룡 역주), 『한국독립운동의 진상』, 집문당, 1999, 46-47쪽.
37) 매티 윌콕스 노블(손현선 옮김), 앞의 책, 393쪽.

행진했다. 한국인 전차 운전사들과 차표를 받는 차장들은 파업하여 운행하지 않는 전차들이 많았다. 또한 한국인들은 일본 상인에 대한 불매운동을 펼쳤으며, 상인들은 일본 정부에 대한 거부의사 표시로 물건을 팔지 않고 가게 문을 닫았다. 어느 한국인 소녀는 경찰서에 가 담담하게 물었다. "여기가 무언가 분실하거나 절도당하면 찾아주는 곳입니까?" 경찰들이 그렇다고 하며 물었다. "누가 당신 물건을 훔쳤소?" 소녀는 대답했다. "누가 우리나라를 훔쳐서 찾으러 왔습니다." 이러한 상황에 대해 미국 언론인 켄달은 『한국독립운동의 진상』이라는 책에서 다음과 같이 기록했다.[38]

> "수도인 서울에서는 대학생, 고등학생, 그리고 국민학교 학생들 수천 명이 점 하나 없는 흰옷을 모두 입고 파고다 공원에 모였다. 군중들은 무장하지 않았으며 행렬은 젊은이와 학생은 물론 노인과 부녀자들로 구성되어 있었다. 군중들은 올드 랭 사인의 곡에 맞춘 애국가를 부르고 국기를 흔들고 만세를 외치면서 거리를 꽉 메웠다. 새롭게 눈뜬 자유로 맥박이 고동치는 이 거대한 백의의 군중은 그들에게 아무런 명분도 없이 고문과 약탈을 자행해 온 바로 그 일본인들에 의해서 사방이 포위되었다. 그러나 시위대는 일본인들의 과오에 대해 보복할 수 있는 기회가 드디어 이른 지금에 와서도 아무런 보복을 하지 않았는데, 이는 그와 같은 행동을 하는 것은 자기 조국의 명예를 더럽히는 것이라고 생각했기 때문이었다. 그 당시 한국에 거주했던 일본인의 수는 한국인에 대비하여 17/1,000이었다는 점을 생각할 때 만약 한국의 시위대가 무저항적인 행동으로 나가지 않았더라면 어떠한 사태가 발생했을까 하는 점을 짐작할 수가 있다."

---

38) 매티 윌콕스 노블(손현선 옮김), 위의 책, 398쪽, 403쪽; C.W. 켄달(신복룡 역주), 앞의 책, 47-48쪽.

이렇게 해서 전 민족적 민중운동의 도화선이 된 역사적인 탑골공원에서의 시위는 학생들, 그리고 시민들에 의해 33인의 지도 없이 자체적으로 추진되었다. 서울에서 시작된 3·1운동은 서울을 비롯한 평양, 의주, 원산 등 7개 도시에서 봉화가 불타오르기 시작했고, 전국 232개 소도시, 군·읍 지역 중 세 곳을 제외한 229개 지역에서 1,491건의 시위가 있었다.[39]

3·1운동은 3월 1일 서울을 시작으로 하여 평양, 진남포, 의주, 선천, 원산 등지에서 동시에 일어나고 계속해서 기독교, 천도교 관계 민족대표 대부분의 출신지역인 북부지역의 평안남북도, 황해도, 함경남북도의 주요 도시로 확대되었으며, 3월 10일을 전후해서는 남한 지역의 전라남북도, 경상남북도, 강원도, 충청남북도로 확대되어 전국 13도로 파급되었다. 또 3월 6일에는 중국의 서간도에서, 13일에는 북간도에서 당시 시베리아, 연해주, 더 나아가 미주지역에까지 파급되었다.[40]

또 참가계층의 폭도 넓어져 학생·교사·하급종교지도자·양반유생 등 민족구성원 대다수가 운동에 참여했다. 그리하여 3·1운동은 대도시·군·면 소재지 뿐만 아니라 작은 촌리까지 확대되었으며, 거의 반 년간 지속되었다.

이상과 같이 기독교는 맨손혁명이라고 표현된 3·1운동 발생의 사상적 배경이 되었으며, 전국 단위의 조직체계와 인적 자원, 그리고 선교사를 통한 해외와의 연계 등으로 그 조직적 힘을 발휘했다.

---

39) 김행선, 『한국근현대사 강의』, 434쪽.
40) 류청하, 「3·1운동의 역사적 성격」, 앞의 책, 467쪽.

기독교인은 비록 전체 인구 중에 미약한 부분을 차지하고 있었지만 독립운동에 정신적으로 가장 큰 영향력을 발휘하고 있었다. 민족대표 가운데서도 개신교 목사나 장로들이 다수를 차지하고 있었으며, 기독학생들도 독립운동에 많이 참여했다. 그리고 학교, 교회 및 종교단체, 그리고 청년학생들을 매개로 하여 3·1운동은 전 민족운동으로 발전하게 되었다.

제2절 3·1운동과 외국인 선교사

일제는 독립운동의 배후에 시종 미국 선교사가 관여하고 있다고 판단했다. 그만큼 선교사들은 3·1운동의 역사적 사명에 대해 깊은 이해를 하고 있었고, 더구나 일제의 진압과정에서 보인 비인도성에 대해 규탄했다.41) 3·1운동 당시 한국에서 활동한 외국인 선교사는 207명(16교파)이었는데 이들 가운데 장로교파 선교사가 77%(157명)이었다.42)

선교사들은 3·1운동의 민족적 자주성을 크게 주장했다. 즉 "이 독립운동의 방법이나 그 정신은 완전히 한국적이요, 서양적인 데가 없다"는 것이 그들의 솔직한 판단이었다. 대영성서공회의 월례보고서는 이렇게 기술하고 있다.43)

> "이 독립운동은 선교사들에게는 놀라움, 바로 그것이었다. 아무도 그런 일을 예상하지 못했을 뿐만 아니라, 한국인이 그런 일을 해 낼 수 있는 능력이 있다고는 꿈에도 생각해보지 않았다."

한국 내 현지 선교사들은 3·1운동에 직접적으로 관여하지는 않았지만 3·1운동 당시 일제의 잔인한 진압에 대해서는 기존의 정치적 중립이나 정교분리 및 더 나아가 친일의 목소리를 접어두지 않을 수 없었다.

---

41) 민경배, 『한국기독교회사』, 2017, 376쪽.
42) 이상철, 앞의 책, 278쪽.
43) 민경배, 『한국기독교회사』, 2017, 376-377쪽.

시위가 전국 도처에 확산되자 총독부의 내무국장 우사미가 몇 차례나 걸쳐 게일, 에비슨, 하디, 노블, 웰치, 샤록스, 베른하이젤, 번커, 제르딘, 밀러 등 여러 선교사들과 회동해서 선교사들에게 한국 교회의 시위 진압에 협력해 줄 것을 호소했다. 이때 게일은 소요의 책임이 일본에게 있다고 단죄하고 선교사들 전체는 그런 중개역에 나설 수 없다고 버티며 다음과 같은 이유 셋을 유보의 근거로 들었다.[44]

첫째, 독립운동을 선교사들이 막을 수 없다는 것.
둘째, 그렇게 하면 한국교회의 원망과 불신을 사서 교회문제에 대한 본질적 문제를 결정해 나갈 수 없다는 것.
셋째, 본국 정부가 선교사들의 정치관여를 금제했다는 것.

그리하여 선교사들 가운데 극소수의 부류를 제외하고는 대개 인도적·도덕적 이유로 다음과 같은 공개적인 발언을 했다.[45]

"정치적인 문제에 대해서는 선교사들이 중립의 입장을 취한다. 그러나 잔혹의 문제에 대해서는 결단코 중립적일 수 없다. 만일 한국인들이 일본 무단통치에 대해 말없이 참고 지낸다면 구태여 선교사들이 나서서 문제를 일으킬 필요가 없다. 하지만 잔학행위가 일제에 의해서 이 민족에게 저질러진다면 선교사들이 외면할 수는 없는 일이다. 선교사들은 모든 수단을 다 동원하여 일본국민이나 세계도처에서 일본의 국가적 양심에 도전하는 여론을 환기시켜 나갈 것이다. 일본정부가 선교사들에게 호소하여 한국인들이 더 이상 만세시위에 나서지

---

44) 위의 책, 377쪽.
45) 민경배, 『일제하의 한국기독교 민족신앙운동사』, 대한기독교서회, 1991, 145쪽, 147쪽.

못하도록 영향력을 행사해 주기를 바랐을 때의 느낌은 선교사들이 그런 문제에는 절대로 중립을 지켜야 한다는 것이 일치된 느낌이었다. 정치적인 문제는 한일 양국인들이 서로 해결하도록 내맡겨 두어야 한다고 보았기 때문이다."

잔학행위에 중립이란 있을 수 없다는 논리였다. 감리교의 웰치 감독은 이렇게 말했다.46)

"선교사들은 현실의 총독정치를 받아들이는 데 이의가 없었다…하지만 시위자들이 그렇게 거칠게 다루어지고 잔학과 폭악의 보도가 연일 전해지며 그것이 확인되었을 때, 더구나 경찰서나 감옥에서 중세적 악형이 감행된다는 사실이 입증되었을 때, 선교사들의 마음이 정부에서 멀어져 간 것은 어쩔 수 없는 일이었다."

그리하여 당시 선교사들은 대략 3월 15일부터 "잔학무도에 중립이란 있을 수 없다"는 캠페인을 전개하고, 일제의 잔학한 행동을 고발, 세계 여론의 환기, 자료 수집 및 공개, 양심 압력 등으로 3·1운동의 근본정신에 동감을 표했던 것이다.

미국 출신 선교사들은 일본의 탄압이 최소한 그들의 관점에서는 한국의 기독교인들에 집중되고 있다고 판단하면서 "잔인에는 중립이 없다"라는 구호 아래 인도주의적 차원에서 일본의 행위를 규탄하고 나섰다.47)

그러나 선교사들은 일본의 잔학상과 탄압상을 세계에 알리고, 나

---

46) 위의 책, 157쪽.
47) 구대열, 『한국국제관계사연구』, 역사비평사, 1995, 274쪽.

아가서 일본정부가 총독부 정책을 시정하는 데 어느 정도 기여하지만, 결코 한국의 독립을 주장하지는 않았다. 게일 등 극소수를 제외하고는 이들은 한국인의 독립능력에 대해 의구심을 떨쳐버리지 못했던 것이다. 즉 구한말 이후 수십 년간 한국의 정치상황을 관찰해 온 선교사들에게 한국인들은 아직도 문명사회의 일원이 될 자격이 없으며, 반면 일본의 통치는 최소한 개혁이나 물질적 풍요를 가져다 주었다고 긍정적으로 평가되었던 것이다.[48]

특히 한국에 가장 많은 선교사를 파견하고 있었던 미국 북장로교회는 3·1운동 이후 처음 개최된 총회에서 다음과 같은 결의를 했다.[49]

> "3·1운동의 결과는 다시 한 번 일본제국이 자원해서 조선의 독립을 인정하지 않을 것이며, 조선 역시 물리적으로 독립을 획득할 수 없다는 사실을 입증했다. 더구나 일본의 조선합병을 오래 시인해 온 외국정부들도 이 문제에 개입하지 않으리라는 것이 명백해지고 있다… 선교사들은 그리스도 그 한 분만이 조선을 구원하시게 되는 것이라고 확신하고 있다."

이상과 같이 당시 선교사들은 3·1운동에 직접적으로 관여하지 않았지만, 일제의 잔학행위에 대해서는 기존의 정치적 중립이나 정교분리나 친일의 입장을 접어두지 않을 수 없었다. 특히 미국 선교사들은 일제의 탄압이 기독교인들에 집중되고 있다고 판단하면서, '잔인에는 중립이 없다'는 구호 아래 일본의 행위를 규탄했다.

---

48) 위의 책, 276쪽.
49) 민경배, 『일제하의 한국기독교 민족신앙운동사』, 170쪽.

그러나 선교사들은 한국의 독립을 주장하지는 않았다. 또한 선교사들의 정교분리의 원칙이 수정되거나 포기된 것은 절대로 아니었다. 따라서 이들은 3·1운동 이후 다시 이 원칙을 고수하게 되고, 더 나아가 일제에 협력하게 되는 것이다.

제3절 진압

한편 하세가와 요시미치(長谷川好道) 총독은 3월 2일 시위운동의 진압을 위해 발포할 것을 명하고 병력이 필요할 경우에는 되도록 군대를 시위지역 내로 파견할 방침을 세웠다. 그 후에도 시위운동이 확대일로를 걷자 병력을 적극적으로 사용하여 시위운동 구역 이외에도 각 요충지마다 군대를 배치하여 시위운동 확산을 방지하려 했다.50) 그리고 3월 11일 일제 내각 총리대신 하라는 긴급내각회의를 열고 한국인의 반일봉기를 진압할 대책을 모의한 후 조선총독 하세가와에게 밖으로는 대단치 않은 사건처럼 묘사하여 세계여론을 무마하는 동시에 안으로는 그를 무자비하게 진압하라는 비밀지령을 내렸다. 또한 조선총독은 1919년 4월 중순 이른바 제령 7호(정치에 관한 범죄처벌에 관한 건)이라는 악법을 공포하여 한국인을 마구 학살할 수 있는 법적 근거를 만들었다.51)

특히 3월 하순에 이르러 시위운동 지역이 늘어나고 시위 양상이 더욱 증대·격화되자 각 수비 관할 구역 내에서 각 중대를 주요 지역에 분산·배치하고, 각 중대는 다시 한 부대를 부근 부락에 배치하여 경비에 임하도록 함으로써 일본군 전체를 약 12개소에 분산·배치했다. 보병사단 둘, 포병중대 하나, 기마중대 하나 또는 둘이 일본에서 파병되기도 했다. 이러한 무단적 대응으로 전국 곳곳에서 학살의 참극이 연출되었다.52)

---

50) 이정은, 「3·1운동 학살만행 사례」, 『역사비평』 45호, 역사문제연구소, 1998 겨울, 40쪽.
51) 김행선, 『한국근현대사 강의』, 438쪽.

일제 당국은 시위 군중을 폭도 또는 폭민으로 규정했으며, 이들을 진압하기 위해 더 강도 높은 강경조치를 취하기로 결정했다. 이는 맨손으로 단지 '독립만세'를 외치는 사람들을 군경의 토벌대상으로 간주했음을 말해 준다. 그리하여 각지에서 일본 군경의 발포로 인해 다수의 사상자가 생겨났다.53)

평양의 미국인 선교회 병원에서 소방차 후크에 맞아 살점이 떨어져 나간 환자들이 있었다. 남자들은 이로 인해 절단치료를 받았다. 한 남자는 다리를 허벅지 윗부분부터 절단했고, 한 사람은 어깨관절부터 팔을 절단했다. 강화도에선 한 남자가 궐기의 주동자로 의심받아 경찰이 그를 잡으러 집에 왔다가 남자를 못 찾자 아내를 대신 잡아 감옥으로 끌고 갔다. 그곳에서 아내는 잔인하게 매 맞고 뱃속의 아기는 유산됐다. 평양의 홀기념병원과 서울의 세브란스병동에는 처참하게 난도질당한 환자들이 매일 실려 왔다. 세브란스병원에 온 어떤 환자는 칼로 40군데를 베였다. 병원의 복도와 병실은 부상자로 북새통이었다. 기독교인인 한 청년은 끔찍한 칼부림을 당하고 그 상처로 숨졌다. 이들이 한 일이라곤 맨손으로 "자유, 자유를 달라"고 외친 것뿐이었다.54)

수감되었던 미션스쿨 여학생들이 목사와 선교사들 앞에서 한 진술에 의하면, 경찰 취조실에서 경찰은 여학생들에게 수치심을 주려고 몸수색을 해야 하니 옷을 벗으라고 명했다. 1초라도 머뭇거리면 매질을 당했고, 그 자리엔 네다섯 명의 남자가 있었다. 감옥에서도 감방

---

52) 이정은, 앞의 논문, 40쪽; 매티 윌콕스 노블(손현선 옮김), 앞의 책, 426쪽.
53) 매티 윌콕스 노블(손현선 옮김), 앞의 책, 426쪽; 김행선,『한국근현대사 강의』, 439쪽.
54) 매티 윌콕스 노블(손현선 옮김), 위의 책, 404-406쪽, 411쪽.

에서 실오라기 하나 남기지 않고 다 벗으라고 했다. 그 뒤 알몸으로 복도를 통과해 장교 사무실에 가라고 했다. 그곳에서 벗은 채 심문당하고 매 맞은 후 다시 감방으로 알몸으로 가라고 했다.55)

이 소녀들 중 두 명은 감옥에서 고문을 당했다. 한 소녀는 양 엄지를 하나로 묶어 엄지로 매달려 있었다. 다른 소녀는 이화여학당에서 손꼽힐 정도로 총명하고 아름다운 박인덕이다. 박인덕 역시 알몸상태와 가혹한 채찍질을 견뎌야 했다. 그 외에도 무릎 꿇고 머리에 무거운 의자를 드는 고문을 당했다. 몸이 후들거려 손을 내릴라치면 팔 윗부분을 매질했다. 출소한 여학생 하나는 두 손과 팔을 쭉 뻗어 무거운 판자를 한 시간 정도 들고 있었다. 더 이상 지탱할 수 없어서 기우뚱거리면 팔에 매질을 했다.56)

경찰들이 거리의 행인을 세워놓고 심문하면 항상 묻는 질문은 기독교인이냐는 것이다. 만일 기독교인이라면 거의 어김없이 죄인 취급하며 경찰서로 잡아갔다. 시골에선 경찰이 독립운동 가담자들에 대한 증거를 확보하려고 가택수색을 할 경우, 성경이나 찬송가를 발견하면 더 이상 수색을 하지 않고 감옥으로 끌고 갔다. 미국 장로교 선교사인 평양의 모우리 목사는 3·1운동의 한국인 주동자들을 은닉시켜준 혐의로 연행되기도 했다. 그리하여 사람들은 말하기를, "기독교인들은 정말 용감하다. 고난을 당해도 신앙으로 여전히 행복하다. 우리 모두 기독교인이 되어야 한다"고 했다. 이런 간증이 숱하게 들려왔다.57)

---

55) 위의 책, 407-408쪽.
56) 위의 책, 408쪽.
57) 위의 책, 412쪽.

박은식은 『한국독립운동지혈사』에서 3·1운동 당시 일제의 만행에 대해 아래와 같이 기록하고 있다.

"일인들의 불법만행은 이미 세계에 알려져 천하 공도(公道)에 의해 해결해야 한다는 여론까지 일어나고 있으나 어디에 공도가 있단 말인가? 공도가 있다면 어찌 이렇게 잔인하고도 포악한 야만인들이 인류사회에서 마음대로 날뛰도록 내버려두고 응징하지 않는단 말인가? 아, 이 세상에 누가 부모·형제·자매·처자가 없겠는가. 이제 그들이 우리 부모·형제·자매·처자에게 가하는 갖은 악형, 학살 등 가혹한 행위는 세계 인류 역사상 일찍이 없었던 일이니, 그들이 얼마나 잔인하고 악독한 인종이란 것을 알 수 있다. 실로 그들과는 이 세상에서는 삶을 같이할 수 없다."58)

또한 박은식의 『한국독립운동지혈사』에 의하면 3월 1일부터 5월 말까지 집회 회수는 1,542회, 참가인원 2,023,098명, 사망자 7,509명, 부상자 15,961명, 체포된 자 46,948명이었다.59) 그리고 검거된 사람 중 적지 않은 사람들이 후에 학살되기도 했다. 특히 C.W. 켄달의 『한국독립운동의 진상』에서는 시위가 시작된 후 3개월 동안에 3만 명이 넘는 한국인이 피살되거나 부상을 입었다고 기록되어 있으며, 외국인들이 없는 작은 도시에서는 사태가 더욱 악화되었다고 전했다. 예를 들면 헌병들은 총알이 다 없어질 때까지 군중들에게 발포했다는 보도도 있었다는 것이다.60)

---

58) 박은식(남만성 역), 『한국독립운동지혈사』 하, 서문문고, 1979, 23쪽.
59) 박은식(남만성 옮김), 『한국독립운동지혈사』 상, 서문당, 1999, 197-204쪽; 강재언, 앞의 책, 61쪽.
60) C.W. 켄달(신복룡 역주), 앞의 책, 50쪽, 52쪽.

더 나아가 일제는 교회가 3·1운동의 영감과 동력을 부여한 배후 세력이라고 간주했다. 그리하여 일제는 경찰과 헌병의 병력으로 교회를 습격하고 종탑과 성경책을 산산조각 냈으며, 검거 선풍 역시 기독교인들을 특별히 목표로 했으며,[61] 많은 교회가 파괴되었고, 기독교도들은 남녀를 가리지 않고 일본인 교회로 끌려가 옷이 찢기고 십자가에 묶여 나체로 29회나 맞았다고 한다.[62]

특히 일본인의 만행에 관한 구체적인 사례는 제암리사건에서 나타나고 있다. 강경진압을 지시한 조선군사령관의 지령에 따라 경기도 경무부는 4월 2일 특별검거반의 파견을 결정했다. 제암리사건은 이러한 특별검거반에 의한 폭행사건 중 하나였다. 4월 15일 11명의 일본군경은 운동의 주모자를 색출하기 위해 수원 제암리라는 외지고 조그만 마을을 습격하여 기독교·천도교 신자 30여 명의 주민을 강제로 예배당 안에 감금한 뒤에 무차별로 난사했다. 교회당에 있다가 죽은 사람이 22명, 뜰에서 죽은 사람이 6명이었는데, 사망자의 시체는 모두 불태워버렸다. 일본군경은 증거를 없애기 위해 교회에 불까지 질렀다.[63]

그들은 다시 부근 마을로 가서 민가를 방화하고 양민들을 학살했다. 이때 남녀노소는 모두 산 속으로 도망쳐 달아났고, 그들의 곡성은 천지를 진동했다. 다음날 그곳을 지나던 미국영사와 선교사 및 『Japan Advertiser』 기자가 아직 연기가 가시지 않은 마을을 목격하고 사진을 찍어 가지고 서울로 돌아왔으며, 4월 27일자 『Japan Advertiser』지를 통해 세계에 알려지게 되었다.

---

61) 민경배, 『한국기독교회사』, 2017, 371쪽.
62) C.W. 켄달(신복룡 역주), 앞의 책, 51-52쪽.
63) 박은식(남만성 역), 『한국독립운동지혈사』 하, 1979, 7쪽.

이상과 같이 개신교는 3·1운동에서 중요한 역할을 수행했으며, 독립을 얻기 위한 비폭력적 방법과 세계의 도덕적 여론에 호소하는 전략은 의심할 여지없이 교회의 입김의 결과였다고 볼 수 있다. 따라서 개신교는 당시 사람들로부터 많은 신뢰를 얻었고, 앞으로의 민족해방운동에 있어서 기독교가 지도자적 역할을 감당할 수 있으리라는 기대감을 고취시켰다.

3·1운동으로 인해 투옥된 사람들은 19,525명이었다. 이들 가운데 기독교 신앙을 가졌던 이들은 3,373명으로 전체 투옥자 중에서 약 17% 정도의 비중을 가지고 있었다. 전체 투옥자 중에서 17% 정도의 비율은 적극적으로 3·1운동에 참여했던 종교세력인 천도교인들의 숫자를 상회하는 것이었다. 이처럼 3·1운동에 한국인 기독교인들이 적극적으로 참여했다는 사실은 당시 '식민지 조선' 내부에서 기독교가 가지고 있었던 영향력이 적지 않았음을 단적으로 드러내는 것이었다.[64]

그러나 3·1운동이 일제의 무자비한 진압으로 실패로 돌아가자 주체역량의 한계 또한 일제의 극심한 탄압 못지않은 실패요인이라고 판단되었다. 광범한 민중들이 운동에 참가했으나 그들의 일제에 대한 불타는 증오심, 높은 혁명적 열정과 자주독립의식에도 불구하고 그들은 아직 사상적, 조직적으로 한계가 많았다. 이들의 슬로건은 반제반일에 머물렀고 마땅히 투쟁과정에서 제기되었어야 할 사회적 변혁의 실질적 내용을 이루는 반봉건 과제를 내걸지 못했다.

---

64) 최보민, 「1920년대 중반 반기독교운동연구」, 성균관대학교 대학원 사학과 석사학위논문, 2013, 6쪽.

또 조직적으로도 이들의 운동을 지도할 지도중심이 없어 투쟁은 자연발생적이고 산만하게 전개되었다. 이들은 이러한 한계로 운동발전의 전반적 구상을 가질 수 없었고, 구체적인 투쟁계획과 전술을 수립할 수 없었던 것이다.[65]

그러면 오늘날 3·1운동의 현재적 의미는 무엇일까? 신석호 목사의 회고전에 의하면 3·1운동에 참여할 당시 곧 독립이 되리라 믿지는 않았다고 한다. 즉 그는 "독립은 거품이 아니요, 민족의 가슴에 독립을 심으러 감이다"라고 했다. 이러한 말은 기독교인의 평화주의 노선을 밝힌 것이지만 3·1운동의 정신, 다시 말해 매년 치러지는 기념식의 진정한 정신을 밝혀 준 것이다. 그것은 바로 '자주독립'의 정신이며,[66] 더 나아가 비폭력노선의 평화주의 표방이었다.

우리 민족은 현재 분단체제를 종식시키고 자주적인 통일민족국가를 수립해야 할 역사적 과제를 가지고 있다. 따라서 3·1운동의 자주독립정신은 과거가 아니라 아직도 진행형이요, 우리의 역사는 아직도 미완성의 독립이요, 미완성의 해방이다. 조국과 민족을 지키지 못하는 것은 하나님의 선물을 포기하는 것이다. 조국과 민족을 사랑하는 것은 기독교 신앙의 한 표현이다. 따라서 기독교는 역사적인 회개운동을 뒤늦게나마 전개함으로써 거듭나는 종교로서 3·1운동에서 보여준 참된 기독정신을 회복하고 역사와 민족 앞에 역사적인 책임을 다하는 종교가 되어야 할 것이다.[67]

---

65) 망원한국사연구실 한국근대민중운동사서술분과, 『한국근대민중운동사』, 돌베개, 1989, 275쪽.
66) 김행선, 『역사와 신앙』, 선인, 2008, 273쪽.
67) 위의 책, 273쪽.

그리고 3·1운동은 일부 친일파를 제외한 전 민족이 자주독립이라는 목표 아래 일어난 운동이다. 이러한 민족적 일체감과 공동체 의식 및 평화주의 사상의 회복이야말로 분단시대를 살아가고 있는 오늘날 우리 민족에게 절실히 요구되는 정신인 것이다.

제3장
3·1운동 이후 기독교 비판

제1절 1920년대 기독교의 주변상황

3·1운동은 일제의 무단통치를 문화통치로 전환시키는 역할을 했으며, 더 나아가 기독교는 3·1운동으로 인해 단순히 서양세력의 힘을 배경으로 하는 외래종교로서의 이미지를 벗어버리고 민족의 종교로 자리 매김될 수 있었다. 이런 점에서 1920년 평양 감리교 평양지구 선교사 무어는 다음과 같이 언급했다.

> "독립운동, 그 결과가 무엇이든 그것은 조선민중의 마음과 심정을 열어주었다. 지난 50년의 평범한 날들이 못했던 일을 한 셈이다. (기독교 발전의) 새 날이 다가왔다."1)

그 결과 3·1 운동 직후에는 전국 교회의 교세는 마치 1907년 대부흥회가 재현된 듯했다. 당시 한국인들은 3·1운동에서 보여준 기독교의 정신에 놀랐던 것이다. 평양에서는 한 주일에 7백 명의 새 신자가 입교했으며, 어떤 사경회에서는 현장에서 14명의 청년들이 목사 지원을 하기도 했다. 이러한 종교부흥은 3·1운동 이후 한국사회의 현상을 대표하고 있었다. 확실히 거기에는 정치에 대한 것 이상의 자기 결정을 위한 새로운 정신, 새 희망, 새 열망이 움트고 있었다.2)

『세계 선교 리뷰』의 편집인은 이렇듯 급격한 교회 진흥에 대해 이런 분석을 내렸다. 한국사회에서 1895년에는 지식에의 갈망과 빈곤에서의 탈출이 교회를 부상시켰고, 1907년에는 외국의 거대한 기관

---
1) 한국기독교역사연구소, 『한국기독교의 역사』 2, 기독교문사, 1998, 41쪽.
2) 민경배, 『한국기독교회사』, 연세대학교 대학출판문화원, 2017, 390-391쪽.

인 교회와의 연결을 통해 일제 통치에서의 자유를 얻으려 교회로 몰려 왔고, 1920년에는 정신적 필요성의 의식, 곧 위대한 갈망과 향상에의 희망이 하나님과의 보다 더 밀접한 연결에서밖에 찾을 수 없다는 확신 때문에 교회로 몰려들었다는 것이다.3)

특히 기독교 교육의 발전은 그 수적 증대 면에서 실로 전대미문이었다. 전라도의 한 기독교 학교의 등록생 수는 300%가 넘었다. 총독부의 통계에 의하면 1920년에 비해 1921년은 학생수가 45% 증가하고 있었다. 기독교계 학교 학생 수는 1921년 53,821명으로 1920년의 87%까지 증대한 현상을 보여 주었다.4) 이처럼 1920년을 고비로 나타난 교육열은 결국 3·1운동 때에 나타난 기독교의 영향과 청년학생들의 주도적 역할 때문이었다.

그러나 교회에 대한 사회의 높은 기대치는 더 큰 실망을 불러일으켰다. 3·1운동 실패 이후 그러한 방법과 전략에 대해 회의를 갖게 되었으며, 이와 때를 같이 하여 사회주의가 그 대안으로 소개되었고, 많은 민족주의자들과 젊은 지식인들로부터 호응을 받았다.

또한 교회에 대한 신망은 3·1운동 이후 교회의 주류세력이 보수화되고 내향화되면서 더욱 급속히 떨어졌다. 그 결과 많은 젊은이들이 교회를 떠나게 되었다. 1920년대 말에 와서는 교회의 청년운동이 거의 모두 사라졌다. 그리하여 한 선교사는 1920년대를 '급진적인 세대'라고 적합하게 이름을 붙였다.5) 3·1운동 실패 이후 정치적·경제적인 희망이 무기한 지연되는 상황 속에서 사회는 점점 더 사회주

---

3) 위의 책, 391쪽.
4) 위의 책, 391쪽.
5) 김흥수 엮음, 『일제하 한국기독교와 사회주의』, 한국기독교역사연구소, 1992, 13쪽.

의 쪽으로 편향되어 갔으며, 교회에 대한 비판은 날로 심해졌다.

한 선교사의 다음과 같은 보고문에서 우리는 1920년대 교회의 주변여건의 급격한 변화를 읽을 수 있다.6)

> "시대정신은 한국인들의 복음을 받아들이는 자세를 지속적으로 변화시키고 있다. 몇 년 전만 해도 기독교에 대해서 반대를 제기하는 경우는 없었다. 교인이 될 것을 권유하면 대개의 대답이 '예, 교인이 되는 것은 좋은 일이지요. 언젠가는 저도 교회를 나가지요'였다. 지금은 기독교의 전파를 노골적으로 반대하는 조직들도 생겼고, 교인이 될 것을 권유하는 우리의 일꾼들을 배척하는 사람들도 생겼다. 신문에는 교회를 비판하는 글들이 실리고 있다. 가끔 청년들이 설교 중에 일어나서, 설교를 중단시키고, 장광설로 신앙을 비판한다. 이와 같은 반대의 분위기는 민간인들 사이에 확산되고 있는 공산주의 사상에 상당부분 기인되고 있다."

교회를 둘러싼 여건의 변화는 갑작스럽게 일어났다. 이것은 선교사들과 교회 지도자들을 숨 막히게 하는 상황이었다. 이들은 사회주의자들은 물론이거니와 세속주의자들의 공격에 신학적으로 교회를 변호할 준비를 갖추지 못한 상태였다. 이러한 변화에 대한 교회지도자들의 준비부족 및 의견불일치 등으로 인해 기독교는 1920년대 말까지 변화에 대응한 적절한 사회정책과 그것을 위한 신학을 마련하지 못하고 있었다.7)

또 한편 교회 교인의 감퇴는 교회에 대한 이데올로기적이고 이론

---

6) 위의 책, 14쪽.
7) 위의 책, 15쪽.

적인 공격 때문만이 아니라, 1920년대 한국인들 특히 농민들에게 엄습했던 경제적인 시련에도 기인했던 것이다. 많은 가난한 농민들이 도시로 이주해서 거기서 자신들의 노동을 값싸게 팔거나, 빚과 기아를 피해서 만주, 시베리아, 일본 등으로 이주했다. 그 결과 1920년대 말 교회의 상황은 암울했고, 절망적이었다. 1929년 당시의 상황은 교인 중 15%가 감소하는 추세에 있었다.[8] 그리하여 점차 교인의 수는 격감하기 시작했다. 이러한 현상은 아래에서 살펴보는 바와 같이 당시 기독교에 대한 비판적 사회분위기 때문이기도 했다.

---

8) 위의 책, 15쪽.

제2절 기독교 비판

1. 이광수의 비판

그동안 개신교가 짧은 역사 속에서 급격한 양적 성장과 더불어 그 역사적 역할에 대해 자만하고 있을 때 교회의 위기 및 교회에 대한 비판은 일제의 문화정책의 기조 아래 전개되고 있었던 문화운동 세력을 비롯해서 사회주의운동 세력 및 무교회주의 세력에서 제기되었다.

먼저 한국의 기독교에 대한 비판은 문화운동론의 기수 이광수로부터 그 고전적인 형태로 나타났다.[9] 동학의 일진회를 통해 일본에서 유학한 이광수는 미국 장로교 선교부에서 설립한 명치학원을 다녔으며 김성수의 주선으로 24세에 와세다 대학 문학부 철학과에 입학하여 공부했다.

이광수는 이미 1917년에 「금일 조선야소교회의 결점」이라는 제목으로 한국의 기독교를 '정통의 폭군'이라고 비판하여 기독교의 보수성과 배타성을 비판한 적이 있었다.[10] 즉 그는 교회가 성서해석의 단일성에 고착해서 다른 해석의 여지를 전혀 생각하지 않는 편협성을 각질화된 성리학과 비견하여 한국 교회가 '정통의 폭군'을 가지게 되었다고 주장했다.[11]

또한 이광수는 한국기독교의 불완전한 토착화를 그 신학론은 차

---

9) 민경배, 『한국기독교회사』, 2017, 396쪽.
10) 한국기독교역사연구소, 『한국기독교의 역사』 2, 47쪽.
11) 민경배, 『한국기독교회사』, 2017, 397쪽.

치하고라도 개인적 신앙체험을 발표할 수준조차 되지 못한 단계라고 지적했다.

> "만일 자기가 열렬한 신앙의 경험이 있다 하면 반드시 그것이 시나 노래나 기타의 형식으로 발표되어야 할 것이니, 만일 발표되지 않는다면 그 신도의 경험이 아직 법열로나 비통한 회한의 열누(熱淚)로 고백할 만한 절도(絶度)에 달치 못한 것이라 볼 수밖에 없습니다."12)

즉 한국기독교의 신앙고백이 문자로 발표되는 단계에 있지 않음을 비판했던 것이다. 그리고 그는 한 걸음 더 나아가 교회의 성장과 연결해서 "나는 몰비판, 무의식으로 야소교의 신도가 되었고, 야소교의 포교를 방관했다. 이러한 사회의 대현상에 대해 일언일행(一言一行)의 비판이 없었다 함이 실로 문화를 가졌다는 민족의 놀라움이요 일대 치욕이 아니겠는가?"라고 했다.13) 요컨대 이광수는 기독교를 받아들이기 전에 먼저 내적 갈등이 일어나고 다음에 사회적 갈등이 일어났어야 마땅했다는 것이다.

더 나아가 그는 한국의 기독교가 종교심 이외의 인성을 경멸하거나, 종교 이외의 과학 혹은 사상을 경시하는 풍조를 낳아 결국은 현세를 무시하고 죽은 후의 천당복락만을 희망하게 된 것이 당시 기독교의 현주소라고 혹평했다.14)

그리하여 이광수는 기독교가 순복음주의적 형식성을 떠나서 사회참여에 나서야 하며, 각종 직업에 종사하는 사람들의 생활 속에서

---

12) 위의 책, 397쪽.
13) 위의 책, 397쪽.
14) 위의 책, 397쪽.

하나님의 사업을 해야 한다고 다음과 같이 주장했다.

> "원래 하나님의 일과 세상 일의 구별이 있을 리가 없을 것이오, 인류에 복리를 주는 사업은 다 하나님의 일일 것이다. 목사, 전도사만이 하나님의 일을 하는 것이 아니라, 제반 하나님의 일을 각각 분담하는 것이니 목사, 전도사도 실은 하나님의 일의 일부를 담임함이요, 상공업자나 학자나 기술가도 다 일부를 담당하는 것이다. 우리는 결코 일요일에 회당에 가서 찬송하고 기도하는 것만이 하나님께 봉사하는 것이 아니라 다른 6일간에 인류의 복리를 위하는 사업이 온통 하나님께 사업하는 것이다. 차라리 6일간 봉사하다가 일요일에는 안식한다 함이 지당할 것이다. 농상공업의 어느 것이 하나님의 일이 아닐 것인가?"15)

사실 당시 종교가로 자처하는 사람들 중에는 목사라는 성직자의 권위를 앞세워서 목사직 이외에 농공상과 같은 직업은 범속한 직업이라고 하는 고답적인 태도를 견지하는 사람도 있었다.16)

또한 이광수는 다음과 같이 교역자의 무식함을 개탄했다. 그것이 한국기독교의 지적 태만이자 지적 빈곤이라고 보았기 때문이다.

> "목사, 전도사...같은 교역자는 최저계급의 민중과 접하는 동시에 최고계급의 민중과도 접하며, 접할 뿐만 아니라 종교적 의미로 보아 지도하는 자요, 그러려면 상당한 학식이 있어야 할 것은 물론이요, 신구약 성경만 2,3차 맹독하고, 백 페이지가량 되는 설교학이나 배워 가지고는 부족할 것이 분명하다. 적어도 기독교의 대표적 수종의 신학

---
15) 위의 책, 398쪽.
16) 위의 책, 397-398쪽.

서를 읽고 고래로 저명한 철학이론과 종교 문학을 알아야 하며, 그 중에도 현대의 철학의 대강과 과학정신을 이해하여 현대문명의 정신과 현대사조의 본류와 현대문명과 종교와의 관계를 이해해야 할 것이다. 심리, 윤리, 수사학 지식의 필요함은 물론이거니와 이만하고야 전도도 하고 지도도 할 것이다."17)

이어서 이광수는 교역자가 문명을 이해하지 못하기 때문에 다수의 교인을 미신으로 이끌고, 문명의 발전을 저해하며, 미신적 신앙을 고집하여 사회의 추세와 병진하지 못한다고 지적했다. 그리고 그는 명예로운 역사를 지닌 한국교회의 전도는 비관적이라고 결론을 맺었다.18)

더 나아가 그는 종교지상주의에 의한 세속학문의 천시사상을 다음과 같이 비난했다.19)

"종교지상주의의 제2의 나쁜 결과는 학문을 천히 여김이외다. 교회에서 교육기관을 설비하면서도 학문을 천히 여긴다 하면 모순된 듯하나 소위 진실한 예수교인은 학식을 세상지식이라 하여 극히 천대하며 또한 세상지식은 믿음을 약하게 한다 하여 학문을 도리어 악마의 유혹 같이 원수같이 여기지요. 전문 이상 학문을 배우려 한다든지 외국에 유학하려 하는 자는 이미 지옥문에 발을 넣은 듯이 생각하오. '믿음이 있어야 한다. 암만 공부하면 소용 있니?'라는 것이 진실한 교인의 자녀에 대한 교훈이며, 교회 설립학교에서도 현대교육의 중심과정 되는 자

---

17) 위의 책, 398-399쪽.
18) 위의 책, 399쪽.
19) 백낙준, 『한국개신교사』, 연세대학교 출판부, 1985, 227-228쪽; 『청춘』 1917.11.

연과학이나 지리, 역사는 거의 주의 아니하오. 지금 조선인들은 학문을 구하기를 갈한 자가 마실 것 찾는 것 같이 하여야 할 터인데요. 더욱이 놀라운 일은 목사, 장로 같은 교역자들이 세상지식을 반대함이외다. 여기는 세 가지 이유가 있겠지요. 첫째는 자기네는 문명이라든지 과학에 대한 이해가 전혀 없으므로 소위 세상 지식에 관하여 이해와 동정이 없음과, 둘째는 세상 지식을 많이 배운 자는 자기네의 소위 하나님 지식에 복종치 아니함과, 셋째는 조금 세상 지식을 가진 청년은 사실상 개화가 되어 신앙이 박약해지고 어른을 경멸히 여기지요. 아무려나 지식을 천히 여김은 멸망의 근본이라. 실로 안타까운 일이라 하오."

이상과 같이 이광수는 한국기독교의 보수성과 배타성 및 편협성을 비판한 바 있으며, 더 나아가 한국기독교의 불완전한 토착화와 종교 이외의 사상과 과학을 경시하는 풍조와 더불어 현세를 무시하고 천당복락만을 희구한다고 비판했다. 특히 그는 그의 문화운동론에 기반을 두어 한국기독교가 사회운동으로 전환되어야 할 것과 더불어 기독교 교역자들의 종교지상주의와 지적빈곤을 비판하면서 실력을 양성하라고 주장했다.

2. 사회주의 진영의 비판

(1) 마르크스주의의 종교비판

우선 사회주의 진영에서 기독교를 어떻게 비판했는가를 살펴보기 전에 먼저 마르크스주의에서 종교를 비판한 것에 대해 대략적으로 살펴보기로 한다.

마르크스의 종교관은 그에게 영향을 주었던 당시의 지배적인 지적 분위기와 사상에 의해서 형성되었다고 할 수 있다. 그는 어린 시절에 특별한 종교적인 교육을 받지 못하고 자랐으며, 대학에 들어와 그가 깊이 영향을 받은 것은 헤겔철학과 강한 반종교적 색채를 띤 헤겔좌파의 사상가들이었다. 헤겔 스스로는 루터교의 신봉자였지만 이미 종교를 역사화하고 상대화시키는 데 크게 공헌했다.[20]

특히 청년헤겔파에 속하는 포이에르바하는 유물론적 입장에서 "신이란 인간의 심리적 투사에 불과하다"고 주장하면서, 신이 인간을 만든 것이 아니라, 인간이 신을 만들었다고 주장했다. 이와 같은 독일의 지적 분위기와 영향 속에서 성장한 마르크스는 청년시절에 이미 종교에 관해 부정적인 결론을 내렸으며, 종교를 '민중의 아편'이라고 규정해 버렸던 것이다.[21]

마르크스는 종교가 잘못된 인간사회가 만들어내는 관념적인 환상이며, 계급사회의 반영이요 이데올로기이기 때문에 계급적 지배에 봉사하는 기능을 갖는다고 보았다.[22]

종교에 관한 마르크스의 초기 비판에 있어서 그는 인간을 자각적이고 자립적이며, 자율성을 소유하고 있는 존재로 이해하고 있었다. 마르크스는 그의 학위논문에서 프로메테우스의 "나는 신이란 모조리 싫어한다"는 고백에 대해 "인간적 자의식을 최고의 신성으로 인정하지 않는 천상천하의 모든 신들에 대항하는 철학의 고백이며, 그 슬로건이다"라고 찬사를 보낸 바 있다.[23]

---

20) 숭실대학교 기독교사회연구소, 『맑스주의와 기독교사상』, 한울, 1995, 11쪽.
21) 위의 책, 11-12쪽.
22) 위의 책, 11쪽.

이처럼 마르크스는 인간의 자의식 및 자율성을 발현시키기 위해 종교를 비판했으며, 더 나아가 이성의 영역을 그 안에서는 신들이 존재하기를 멈춰버리는 그러한 영역으로 이해하면서 인간의 이성을 옹호했던 것이다.[24]

또한 마르크스는 "종교란 우리에게 있어 더 이상 세속적 결핍들의 기초가 아니라 오직 그 현상일 뿐이다. 우리는 세속적 문제를 신학적 문제로 바꾸지 않는다. 우리는 신학적 문제를 세속적인 것으로 바꾼다. 우리는 미신을 역사로 해소한다. 정치적 해방의 종교에 대한 관계의 문제는 우리에게 있어 정치적 해방의 인간해방과의 관계의 문제로 된다"라고 선언했다.[25]

특히 마르크스는 『헤겔의 법철학 비판의 서문』 서두에서 이렇게 언급하고 있다.[26]

> "독일에 있어서 종교비판은 끝났다. 그리고 종교비판은 모든 비판의 전제이다…비종교적 비판의 토대는 이것이다. 즉 인간이 종교를 만드는 것이지 종교가 인간을 만들지 않는다는 것이다. 종교는 자신을 아직 발견하지 못했거나 자신을 이미 상실한 인간의 자의식이고 자부심이다. 그러나 인간은 결코 세계밖에 쭈그리고 앉아 있는 추상적인 존재는 아니다. 인간은 인간의 세계요, 국가요, 사회이다. 바로 이 국가, 이 사회가 전도된 세계이기 때문에 그것들이 종교 즉 전도된 세계의식을 생산한다."

---

23) 이선미, 「마르크스의 종교비판에 대한 연구」, 이화여자대학교 사회학과 석사논문, 1991, 29-30쪽.
24) 위의 논문, 30쪽.
25) 위의 논문, 33쪽.
26) 위의 논문, 34쪽.

마르크스는 누가 최초의 인간을 창조했느냐고 묻는 가상의 적에 대해 "너의 추상을 버려라. 그러면 너의 질문을 포기할 것이다"라고 대답한다.[27] 이를 통해 그는 인간존재를 넘어서는 초월적·추상적 존재의 문제를 거부했던 것이다.

이처럼 마르크스의 초기 종교비판은 인간의 자율성을 인정하며 인간이 최고의 존재라는 전제 아래 구체적인 역사적 현실 속에서 살아가는 인간해방에 대한 관심에서 비롯되었다는 것을 알 수 있다.

한편 마르크스의 후기 종교비판은 바로 그가 수행하고자 했던 유물론의 입장에서 종교의 세속적 기초에 초점을 맞추면서 이를 역사적 상황과 관련시켜 가해진 것이었다. 그는 결코 종교를 근거 없는 속임수로 보지는 않았다. 오히려 사회관계 자체에 내재한 모순의 결과로 그 모순의 분석을 통해 이해할 수 있고, 그 근원인 사회적 모순의 혁명적 제거를 통해서 파괴될 수 있는 것으로 보았다. 다시 말해 그는 종교의 존재는 사회적 모순이라는 현실적 뿌리에 기초를 두고 있다고 보았으며, 따라서 그의 종교비판 역시 그 사회적 모순으로부터 종교를 해명하며 그것의 이데올로기성을 폭로하는 데 있었던 것이다.[28]

그리하여 마르크스는 『독일이데올로기』에서 언급하기를 "이 단계에서 인간의 관념, 사고, 그리고 정신적 교류 등은 그들의 물질적 조건이 직접 표현된 것이다. 이것은 한 민족의 법률, 정치, 도덕, 종교 등의 언어 속에 표현된 지적 생산물에 있어서도 마찬가지이다"라고 하여 종교를 이데올로기의 형태라고 주장했다.[29]

---

27) 위의 논문, 36쪽.
28) 위의 논문, 41쪽.

그리고 마르크스는 다음과 같이 주장했다.30)

> "하늘에서 땅으로 내려오는 독일철학과는 정반대로 우리는 땅에서 하늘로 올라간다. 즉 우리는 다른 인간들의 말이나 상상, 환상 등을 통해 인간을 설명하고 추측하는 방법에 의해 나타나는 인간으로부터 출발하여 피와 육체를 가진 인간으로 나아가려 하지 않으며 정반대로 현실적으로 살아있고, 활동하는 인간으로부터 출발하여 그들의 생활 과정이 어떻게 이데올로기에 의해 반영되는가, 그리고 그 이데올로기가 다시 생활과정에서 어떤 작용을 끼치는가 등을 설명하고자 했다."

이러한 관점에서 마르크스는 종교적 상류계급 및 종교적 자본가들에 대한 비판을 했으며, 다음과 같이 기독교는 자본주의 사회에서 그 정당성을 옹호하는 사회적 기능을 하고 있다고 비판했다.31)

> "생산하고 소비하도록 저주받은 계급은 감소하고, 노동을 지도하며 모든 주민에서 위안, 위로, 통찰을 가져다주는 계급은 늘어난다. 그리고 인건비의 경감, 풍부한 상품, 낮은 가격의 소비품들에서 비롯된 모든 이익을 누리게 된다. 이런 지도 아래서 인류는 최고의 천재적인 피조물로 고양되며 종교의 심오한 깊이에 이르며 건전한 도덕적 원칙들, 자유와 힘, 복종과 정의, 의무와 인간성을 보호하기 위한 법들을 제시한다."

요컨대 기독교는 특권계급에 양심이라는 허울을 쓰게 해주는 기능을 하고 있다는 것이다.

---
29) 위의 논문, 51쪽.
30) 위의 논문, 52쪽.
31) 위의 논문, 58쪽.

그러나 마르크스나 마르크스주의자들은 종교의 역기능과 부정적인 면을 비판하기는 했어도 적극적으로 종교를 타도해야 한다든가 반드시 언제 없어질 것이라고 예언한 적은 없다.32)

반면에 마르크스나 엥겔스의 종교비판은 레닌·스탈린에 이르게 되면 매우 거칠고 격렬하게 되며, 종교비판이 아니라 종교타도의 사상으로 변질된다. 레닌은 무신론에서는 마르크스나 엥겔스와 같았으나 그들보다 훨씬 더 반교회적이었다고 할 수 있으며, 따라서 혁명을 위해서는 종교를 타도해야 한다고 신랄하게 주장했다.33)

레닌은 1905년에 쓴『사회주의와 종교』에서 "종교란 타자를 위한 영구적 노동의 결핍과 고독에 시달리는 인민대중들을 어디서나 무겁게 억누르는 정신적 억압의 형태들 중 하나이다. 종교는 일생동안 고역과 결핍 속에 사는 사람들에게 세상에 사는 동안 참고 순종하라고 가르치며, 그리고 하늘의 상급을 받는 희망 속에서 위로를 받으라고 가르친다"라고 주장하면서, 종교는 인민에게 아편이며, 자본의 노예들이 그들의 인간상과 인간으로서의 가치 있는 삶에 대한 요구를 망각케 하는 정신적 도취에 불과하다고 비판했다.34)

그리하여 그는 이 반동적인 종교에 대항하여 프롤레타리아트가 일어나 사회주의를 대안으로 세울 것을 주장했다. 사회주의야말로 종교의 혼미에 대항해서 과학을 확립하여 죽은 뒤의 복된 삶을 믿고 있는 노동자들을 해방하고 단결시켜서 세상에서 현재의 삶을 보다 낫게 만들도록 투쟁하게 하기 때문이라고 했다.35)

---

32) 숭실대학교 기독교사회연구소, 『맑스주의와 기독교사상』, 한울, 1995, 13쪽.
33) 위의 책, 14쪽.
34) 위의 책, 14쪽.

(2) 일제 강점기 사회주의 세력의 기독교 비판

일제 강점기 '식민지 조선'의 사회주의자들은 이러한 마르크스주의의 종교비판을 전제로 하면서 반종교운동을 전개했다. 그러나 처음 국내에서의 기독교와 사회주의와의 관계는 적대적인 것은 아니었다.

당시 기독교인들 중에서 사회주의자가 되는 경우가 적지 않았다. 초기 한국 사회주의의 두 거두였던 이동휘와 여운형이 평양신학교까지 다니고 전도사 직분까지 맡았던 독실한 기독교인이었다는 사실 이외에도 한국 최초의 사회주의 단체로 알려진 한인사회당에도 상당수의 기독교인들이 참여했다.

그리고 이러한 현상 뒤에는 당시로서는 서구 선교사의 세력하에 있었던 한국 교회가 채워주지 못한 측면을 반제국주의적이요, 민중적이라고 이해되었던 사회주의에서 채워 줄 수 있으리라는 기대가 크게 작용하고 있었기 때문이다.[36]

일찍이 무관학교에 관비생으로 들어가 서양학문과 군사지식을 익히고, 강화도 진위대장까지 지냈던 이동휘가 기독교인이 된 것은 1904-1905년 무렵으로 추정하고 있다. 이 시기 이동휘가 기독교에 입교하게 된 동기에 대해 1905년 6월에 열린 조선감리교연회에서 선교사 케이블이 보고한 내용에는 이렇게 기록되어 있다.[37]

---

35) 위의 책, 14-15쪽.
36) 한국기독교역사연구소, 『한국기독교의 역사』 2, 50쪽.
37) 김흥수 엮음, 『일제하 한국기독교와 사회주의』, 한국기독교역사연구소, 1992, 175쪽.

"유명한 옛 도시인 강화에는 생명 없는 마른 뼈들 사이에 놀라운 흔들림이 일어났다. 이 도시와 섬의 가장 저명하고 영향력 있는 사람들이 교회에 나와 개종한 것이다. 이들 중 나는 이동휘라는 사람에 대해서만 언급하겠는데, 그는 기독교인이 되기 전에는 정부의 고위 관리이자 이 섬 군대의 사령관이었다. 그는 신실한 성격을 가진 사람으로서 이교도와 기독교인 모두에게 유명하며 존경을 받고 있다. 그 자리에 있으면서 정부의 놀라운 부정부패를 알게 되어 마음의 병을 얻게 된 그는 진실을 알고자 하는 끝없는 열망을 갖고 고종황제를 찾아가 자신의 계급과 지위를 없애달라고 요청했다. 강화로 돌아온 그는 지방 전도자인 김우채를 찾아가 그와 교회 앞에서 자신의 모든 죄를 고백하고, 주 앞에 자신을 맡기고 주를 섬기며, 마음의 진실된 변화와 진리에 대한 분명하고 개인적인 지식을 얻기 위해 기도했다."

이처럼 이동휘는 한국정부의 부정부패로 인해 고민하던 중 기독교에서 새로운 희망을 발견했던 것이다. 그는 "기독교야말로 쓰러져가는 나라와 민족을 구할 수 있다"고 하면서 기독교에 입교했다. 그리고 그는 이후 한국 최초로 노령 하바로프스크에서 1918년 한인사회당을 창당했고 이후 고려공산당을 창설한 한국공산주의운동사의 개척적 인물이었다.

여운형은 기독교 학교인 배재학당에서 공부하고 1907년 22세에 기독교에 입교했다. 동기는 애국적 열정에서 서양문물을 받아들이고 장차 나라의 독립을 찾는데 있었다. 당시 애국지사들은 모두 서울의 전덕기 목사를 중심하여 상동과 승동의 예배당에 모여 있었다. 이동휘, 이상재, 이승만, 박은식, 이준, 이갑, 신채호, 양기탁, 이상설, 윤치호, 박용만 등이다.[38]

여운형은 기독교를 해방의 종교로 믿었다. 그는 입교한 후 먼저 역대로 모신 신주를 땅속에 묻어버리고 또 집안의 종들을 모아 종문서를 불태워버리고 모두 해방시켰다. 그리고 클라크 선교사의 권고로 목사가 되고자 평양신학교에 수학하고 서울 승동교회 전도사로도 일했다. 그는 1914년 계속 신학연구를 위해 중국 남경으로 유학하여 금릉대학에서 수학하고, 상해에 가서는 동포 2세 교육을 위해 인성학교를 설립했다. 거기서 기독교민단을 조직하여 단장이 되고 1918년 신한청년당을 창설하여 당수가 되었다. 이 신한청년당 핵심세력 가운데는 기독교 신자가 많았다.39)

그러던 여운형이 사회주의자로서 본격적인 정치활동을 시작한 것은 1920년대이다. 1920년 코민테른의 동국서기 보이틴스키와 접촉하여 그의 권유로 이동휘의 고려공산당에 입당했던 것이다.

새문안교회 장로였던 김규식은 평양신학교와 남경 금릉대학 신학부를 다닌 바 있는 여운형과 모스크바에서 열린 1922년 제1차 극동피압박민족대회에 기독교도 동맹의 이름으로 참석하기도 했고, 사회주의에 우호적 입장을 취하고 있었다. 그는 해방정국 김구와 함께 남북협상에 임하기도 했다. 김일성은 모친의 아버지가 교회의 장로였으며, 기독교적인 가정에서 성장했다. 한위건 역시 1920년 이후 동경 유학생 시절에도 조선기독교청년회 이사를 맡고 있었다.

또한 1921년 5월 코민테른(제3 인터내셔널)이 조선에 보낸 '조선공산당 플랫폼'에는 종교 박해를 경계하고 그 박해가 오히려 신앙을 강화시킨다고 되어 있다.

38) 위의 책, 162쪽.
39) 위의 책, 162-163쪽.

특히 YMCA 일부 인사들에게는 이러한 기독교의 사회화 과정을 넘어서서 그 사회의식이 사회주의의 이념과 상통하는 것으로 이해하려는 움직임이 나타나기도 했다. 이대위는 "우리가 이 불만 불평한 세계를 부인하고 우리들이 동경하는 신세계를 조성하기 위해서는 기독교 사상과 사회주의가 서로 같다고 생각한다"고까지 피력했다.[40] 그리하여 이상재 같은 인물은 공산주의와의 통일전선인 신간회 조직에 참여하여 그 회장으로까지 선임되었던 것이다.

한편 예수교서회에서 발행한 『기독신보』에는 다음과 같은 사설이 실려 있어 주목되고 있다.[41]

> "날마다 달마다 소망하기는 어느 날, 어느 때에나 군국주의, 자본주의, 계급주의가 저들의 암묵을 끝내고 진정한 사회주의가 이 세계에 실현할까 한다. 진정한 사회주의란 실제로는 교회와 서로 배치되는 것이 적고, 교회를 위하여 준비하는 것이다. 만일 진정한 사회주의자가 있으면 비록 기독인이 아니더라도 나는 그를 기독교인과 동일하게 간주하겠다."

이렇게 당시 일부 기독교인들은 자본주의의 폐해를 인식하고 사회주의 사상을 어느 정도 반영하면서 기독자 중에도 착취의 수단을 쓰는 자본가계급이 있음을 힐책하면서 만약 예수께서 오늘날의 시대에 오신다면 마르크스 이상으로 자본주의의 해독을 비난했을 것이라고도 주장했다. 심지어 YMCA계의 유경상은 예수를 두고 "사회

---

40) 민경배, 『한국기독교회사』, 2017, 406쪽.
41) 위의 책, 406쪽.

주의의 주동인물"이란 말까지 하였다.[42]

그러나 또 한편으로 기독교는 공산주의를 경계하지 않을 수 없었다. 따라서 실상 당시 한국의 기독교와 사회주의자들 간에 언제부터 어떻게 해서 서로 간에 반목과 대립이 발생하게 되었는지에 대해서는 정확하게 규명할 수 없지만 초기 사회주의자들이 사회주의 사상을 전파하기 위해서는 한편으로는 개량주의 노선에 선 문화운동 형태의 우파운동을 대중으로부터 고립시켜야 했고, 또 다른 한편으로는 그 당시 민중에게 널리 전파된 다양한 미신과 종교사상을 극복해야 했다. 즉 정감록에 근거한 말세사상과 천도교, 백백교들의 말세 개벽사상과 기독교의 내세천국사상 등이 그것이다.[43]

사회주의 진영에서의 반종교운동은 국외에서 먼저 발생했다. 즉 3·1운동 직후 간도에서 중립연합선전부의 선인공산회가 종교를 타파할 것을 주장했으며, 이어 1921년 5월에 창립된 상해파와 이르쿠츠크파의 고려공산당은 각각 창당과정에서 종교문제에 대해 깊은 관심을 표명한 바 있었다.[44]

상해파 공산당은 창당선언에서 미국식의 '정의와 인도'에 의존하는 민족운동의 한계를 지적한 후 강령에서 반종교운동을 조심스럽게 천명했다. 즉 종교적 미신이 사회해방의 장애이므로 종교적 미신의 굴레로부터 모든 무산대중을 해방시키기 위해 과학적 문화운동 및 종교배척운동을 실행하되 종교적 맹신을 도리어 독실하게 만들 염려가 있기 때문에 신자의 신앙심을 모욕하는 행위는 피해야 할 것

---

42) 위의 책, 406-407쪽.
43) 김흥수, 앞의 책, 29쪽.
44) 이준식, 「일제침략기 기독교지식인의 대외인식과 반기독교운동」, 『역사와 현실』 10호, 역사비평사, 1993, 24쪽.

을 주장한 것이다.45)

반종교운동에 대한 이러한 조심스러운 입장은 이동휘를 비롯해서 상해파의 주요 인물들 가운데 상당수가 기독교 신자 출신이었으며, 민족혁명단체와 통일전선을 결성하는 데도 적극적이었다는 점과도 관련이 있을 것으로 보고 있다.46)

반면에 이르쿠츠크파는 1921년 당대회 보고문에서 종교단체를 '반(半)종교적인 정치단체'로 규정했다. 이 보고문에 따르면 기독교와 같은 외국종교단체는 선교사들이 외국자본을 유입하고 나라를 점차적으로 점령한 후 그리하여 식민지화하기 위해 만들고 지도하는 조직이고, 천도교 등의 민족종교단체는 봉건적 노예상태의 결과로 성장한 조직이었다고 보고 있다. 따라서 보고문은 이들 조직에 대해 단호한 투쟁을 전개하고 모든 종교적 편견과 성직자의 책략을 폭로할 필요가 있다고 제안했다.47)

그러나 이 제안은 종교도 민족해방운동의 일시적인 동맹자가 되며, 따라서 종교단체에 대한 단호한 투쟁보다 이념에 관한 사상투쟁을 전개해야 한다는 지적에 따라 토론과정에서 외국선교사의 종교단체들과 이와 유사한 요소들의 반동적인 역할에 대해 사상투쟁을 전개해야 한다는 내용으로 수정되었다.48)

이처럼 해외 고려공산당 측에서는 양당 모두 한편으로는 종교를 배척하면서도 또 한편으로는 민족해방을 위해 일시적으로 동맹해야

---

45) 위의 논문, 24쪽.
46) 위의 논문, 24-25쪽.
47) 위의 논문, 25쪽.
48) 위의 논문, 25쪽.

할 대상으로 보고 있었다.

이후 국내에서의 반기독교운동은 청년지식인층을 중심으로 태동되었다. 특히 초기 반기독교운동의 초점은 주로 기독교의 미신성에 집중되고 있었다. 예를 들어 김명식이라는 좌파 청년지식인은 김익두의 이적론에서 단적으로 드러나듯이 기독교가 민족의 현실을 외면하고 개인의 영혼구원, 치유기적 등을 앞세우는 신비주의적 경향을 보일 경우 러시아나 중국에서처럼 기독교 자체를 부인하는 반기독교운동이 일어날 것이라고 강력하게 경고한 바 있었다. 김명식의 주장에서 알 수 있듯이 1922년 이후의 국내 반기독교운동에는 소비에트 러시아의 반종교운동과 중국의 반기독교 운동이 큰 영향을 미치고 있었다.[49]

이후 국내 사회주의자들의 공식적인 반종교운동은 청년운동단체인 1923년 3월 전조선청년당대회에서부터 시작되었으며, 또한 1924년 경성신흥청년동맹회 총회에서도 반종교적 입장을 표명했다. 그리고 1925년 4월 개최예정이었으나 일본경찰에 의해 금지된 전조선민중노동자대회에서 구체적으로 기독교에 대한 반대가 선언되었다. 이 대회는 화요회를 통해서 발기된 것이다. 민중대회에서 다룬 종교문제에 대한 의안의 내용을 보면 종교가 지배계급들에 의해 피억압계급의 압박수단으로 사용되었으며, 종교 중에도 기독교가 자본가를 옹호하는 데 있어 제1선이며, 자본가가 거느린 침략의 군대라고 규정함으로써 기독교에 대한 전면적인 비판을 가했다. 이 의안은 조선공산당의 영향력 아래 작성되었다.[50]

---

49) 위의 논문, 26쪽.
50) 한국기독교역사연구소, 『한국기독교의 역사』 2, 48-49쪽; 최보민, 「1920년대 중반 반

그러나 보다 본격적인 반기독교운동은 1925년 10월 28일 화요회계의 강력한 정예집단인 한양청년연맹이 개최하려고 한 반기독교대강연회대회였다. 강연회의 면면을 살펴보면 박헌영, 김단야, 권오설 등으로 대부분의 연사들이 조선공산당과 직간접으로 관련되었다. 이것은 같은 달 22-28일 서울 기독교 청년회관에서 개최된 제2회 전조선주일학교대회에 대항하려는 의도에서 계획된 것이었다. 이들은 「기독교는 미신이다」, 「양이랑심(羊而狼心)의 기독교」, 「현하 조선과 기독교의 폐해」, 「악마의 기독교」 등의 강연들을 준비했으나 일본경찰의 탄압과 기독교 측의 방해로 무산되었다. 그러자 사회주의자들은 이것을 일제와 '조선'기독교가 유착되어 있는 증거라고 다음과 같이 주장했다.51)

> "어찌하여 현대의 경찰이 종교는 비상히 옹호하면서 그를 반대하려는 회합은 금지하게 되었는가...이제 확실히 증명되었다. 종교는 현대의 경찰과 동일한 처지와 입장에 있다는 것이다."

그리고 이들은 12월 25일을 '반기독데이'로 정하고, 김익두와 같은 부흥사들을 '고등무당'이라고 비난하는 등 반기독교 운동의 고삐를 늦추지 않았다.52)

박헌영이 고려공산청년회를 창설하기 전에 적극적으로 활동하고 있었던 신흥청년동맹은 1925년 10월 정기총회에서 "종교는 대중의

기독교운동연구」, 성균관대학교 대학원 사학과 석사학위논문, 2013, 15-36쪽.
51) 한국기독교역사연구소, 『한국기독교의 역사』 2, 49쪽; 김흥수 엮음, 앞의 책, 33-34쪽.
52) 한국기독교역사연구소, 『한국기독교의 역사』 2, 49쪽.

마춰제이므로 이를 철저히 배척하되 제1착으로 기독교를 적극적으로 반대"할 것을 결의했다. 신흥청년동맹이 반종교운동의 대상으로 먼저 기독교를 지목한 이유는 교회 자체가 자본가들에게 이용될 뿐만 아니라, 한국의 교회는 '미국 자본가의 파견대'와 다름이 없는 선교사나 소지주, 소대금주, 소상인들을 그 지도자로 하고 있다는 것이었다. 이는 곧 자본주의와 제국주의에 대한 투쟁과 기독교를 직결시켜 반기독교론을 천명한 것이었다.[53]

『개벽』 1925년 11월의 특집기사는 이 무렵 반기독교운동의 논리를 잘 보여 주고 있다. 이 특집에 실린 글은 박헌영을 비롯해서 사회주의자들의 입장을 다음과 같이 대변해 주고 있다.[54]

먼저 이들은 반기독교운동을 자본주의 사회의 제도 및 조직전체를 대상으로 하는 사회주의운동의 한 부문운동으로 규정했다. 이들이 내세우는 기독교에 대한 비판은 다음과 같이 요약될 수 있다.

첫째, 자본가계급의 이익을 변호하는 도구이자 자본주의 사회를 지지하는 경찰기관이라는 점이다. 즉 기독교는 제국주의의 수족이요, 자본주의의 주구라는 점이다. 사회주의자들이 오직 기독교만을 공격대상으로 한 것이 아니라, 모든 종교가 그들의 타도대상이었지만, 특히 기독교를 집중적으로 공략한 이유는 기독교가 영토 확장을 위한 제국주의의 수족이 되고, 자본주의적 국가옹호의 무기라고 생각했기 때문이었다.[55]

---

53) 이준식, 앞의 논문, 28-29쪽.
54) 위의 논문, 35쪽.
55) 이준식, 위의 논문, 35쪽; 서정민, 『이동휘와 기독교』, 연세대학교 출판부, 2007. 486쪽; 한국기독교역사연구소, 『한국기독교의 역사』 2, 49쪽; 김흥수 엮음, 앞의 책, 48쪽; 최보민, 앞의 논문, 36쪽, 38쪽.

박헌영은 미국 청교도정신에 내재한 제국주의적 동기가 당시 한국사회에 미친 악영향을 다음과 같이 지적했다.[56]

> "여호와라! 영토이권쟁탈의 간판을 들고 중국대륙과 조선을 횡행하는 저 미국인 선교사의 언행을 살펴보라. 저들은 자기 나라의 자본가에게서 선전비를 가지고 철두철미 자국의 자본가를 위해 길을 개척하려고 그 민족적 세력부식을 위해 성경과 길로서 포탄과 잠항정 이상의 무서운 악마적 침략을 하고 있는 것을 볼 수 있다."

젊은 사회주의자들은 교회가 특권층의 편에 서고, 가난한 사람들에게 희망을 안겨주지 못하고 있다고 공격했으며, 더 나아가 교회를 자본주의의 하수인이라고까지 혹평했다.[57]

위와 같은 사회주의자들의 기독교 비판은 개항 이후 및 식민지 시대 선교사들의 역할이나 당시 기독교의 사회적 역할 및 그 경향성에 비추어 볼 때 단지 관념적 급진성으로만 돌릴 수 없는 사실적 측면이 있었다.

개항 이후 선교사들의 제국주의적 침략의 수족 역할에 대해서는 앞서 언급했듯이 이미 이권양여 과정에서 나타나고 있었으며, 특히 식민지 시대 선교사들의 비행과 횡포 및 한국인 민족차별에 대한 저항감이 반선교사운동 및 반기독교운동으로 발전되었던 것으로 보인다.

즉 1920년대 내한한 제2세대 일부 선교사들의 백인우월주의적 행태가 표면화되면서 민족감정문제를 일으켰고, 상호불신의 장벽을

---

56) 이준식, 위의 논문, 36쪽.
57) 김흥수 엮음, 앞의 책, 13쪽.

쌓게 되었다. 또한 1920년대 중반부터 외국인 선교사들의 비행과 추문에 관련된 사건들이 계속 이어져 기독교 학교와 교회뿐 아니라 일반사회에서도 선교사 배척분위기가 고양되었다.[58]

그 일례로 당시 사회주의 계열에서 기독교를 비판하기 시작했다는 구체적인 연대가 1925년인데, 바로 같은 해 사회에 물의를 일으켰던 미국인 안식교 선교사 허시모의 비행이 발생했던 것이다.

허시모는 안식교에서 경영하던 평안남도 순안병원의 원장으로 1925년 봄에 내한했던 인물이었다. 그는 예수의 사랑을 전도하는 선교사임에도 불구하고 1925년 여름에 그가 자기 집 과수밭에 들어와 사과를 따 먹은 그 지방 어린아이의 뺨 좌우에 염산으로 '도적'이라는 글자를 크게 써서 한 시간 동안이나 햇빛에 말린 후 풀어 놓았던 악행을 저질렀다. 이 사건은 1년 후인 1926년 7월 일본인 검사에 의해 사건화 되어 조선일보, 동아일보 등을 통해 보도됨으로써 삽시간에 전국에서 '전 조선민족에 대한 모욕'으로 받아들여졌고, 한국인을 흑인과 같이 노예취급을 했다고 단정하기에 이르렀다.[59]

결국 재판까지 받게 된 허시모는 안식교에서 원장직을 면직당하고 재판에서는 징역 3개월의 형을 받아 1925년 12월에 본국으로 귀환하게 되었다.

그러나 이와 유사한 선교사 비행 사건이 이 시기에 전국 각지에서 속출하고 있었기 때문에 반선교사운동이 고조되어 갔다. 즉 미국식의 박애와 정의를 말하던 기독교 선교가 사실상 우리 민족의 이상

---

58) 이진구, 「김교신의 1930년대 교회비판연구」, 감리교 신학대학교 신학대학원 역사신학전공 석사학위논문, 2001, 18쪽.
59) 민경배, 『한국기독교회사』, 2017, 415쪽; 한국기독교역사연구소, 『한국기독교의 역사』 2, 170쪽.

상, 정신상 총파산을 초래했다는 이유로 민족적 감정을 내세운 반선교사운동이 파죽지세로 확산되고 있었다.60)

특히 당시 좌파계열의 경성학생연맹에서는 1925년 7월 3일 다음과 같은 두 가지 사항을 결의했다.61)

> — 미국인 선교사 허시모의 만행에 대해서 각 우익단체와 협력하여 적극적 행동을 취하는 한편, 이 기회에 현재 종교의 흑막과 침략의 전위인 선교사류의 진면목을 폭로시키며, 종교적 교육의 반대운동을 일으켜, 소위 교회와 학교와의 분리운동의 제 일보로서 각 학교의 성경과목의 폐지를 기할 것.
> — 조선학생의 총단결과 운동의 선전 및 그 요구를 표명하기 위해 '학생 데이'를 정하여 각 우익단체와 협의해서 구체적으로 결정할 것.

이렇게 해서 당시 사회주의 진영에서는 반선교사운동을 반기독교운동으로 직결시키게 되었던 것으로 볼 수 있다.

둘째, 기독교는 현실에 대한 긍정과 복종을 강요하여 무산대중의 투쟁의식을 말살시키는 아편이며, 망국민의 현실도피처라는 점이다. 즉 기독교는 민중에게 보수주의와 개인주의를 만연시켜 현실을 등한시하게 함으로써 민중운동의 발전을 저해하여 식민지 지배체제의 유지 강화를 위해 기능하고 있다고 보았다.62)

---

60) 이준식, 앞의 논문, 29쪽.
61) 민경배, 『한국기독교회사』, 2017, 416쪽.
62) 서정민, 앞의 책, 487쪽; 이준식, 앞의 논문, 35쪽; 한국기독교역사연구소, 『한국기독교의 역사』 2, 48쪽.

셋째, 과학사상의 발전에도 불구하고 미신과 허위를 선전한다는 점 등이었다.[63] 당시 사회주의자들은 기독교의 내세 지향적이며, 신비주의적인 신앙, 신앙의 미신화에 대해 가차 없는 비판을 가했다. 특히 봉건적 인습에서 아직 벗어나지 못한 한국인의 미신적 생활을 틈타 미국식 자본주의의 대변자인 그리스도의 미신과 허위가 들어와서 "배후에 금력과 군벌의 권력을 의지하여 조선민중에게 소위 도덕양심이라 하여 인종과 순종을 장려하며 선양한다"는 것이었다.[64]

넷째, 당시의 세계사상 조류에 영향을 미친 것 중의 하나는 과학이었다. 그런 상황에서 사회주의자들은 과학사상이 지배하는 시대이기에 종교는 파산시대에 임했다고 했다. 즉 자연을 극복하고 자연의 진화적 법칙에 의해 이해되는 시대에 신의 섭리나 존재는 더 이상 필요치 않다는 것이다. 이에 사회과학운동가들은 미신의 기독교를 퇴치하여야 한다고 주장했다.[65]

그리하여 실제 지사적 성향의 기독교 청년들은 속속 교회를 빠져 나갔다. 이러한 실정에 대해 다음과 같은 글은 전해 주고 있다.[66]

> "오늘날 모든 사람은 다 사회주의 사상에 물들여져 있는 것 같다. 고등보통학교에서도 소년 소녀들이 공산주의 서적을 정독하는 것을 막을 길이 없다. 한국에서는 어떤 문화기관보다도 교회가 이 공산주의의 침해에 더 시달리는 것 같습니다. 이들 젊은 청년층은 사회주의자로 자처하면서, 안하무인격으로 신의 존재까지 대놓고 부인합니다.

---

[63] 한국기독교역사연구소, 『한국기독교의 역사』 2, 48쪽.
[64] 김흥수 엮음, 앞의 책, 36쪽.
[65] 서정민, 앞의 책, 489쪽.
[66] 민경배, 『한국기독교회사』, 2017, 480-481쪽.

하나님은 죽었다고! 정직하고 의로운 사람치고 이 나라에서 생존할 사
람은 하나도 없다고 봅니다."

한편 공산주의자들의 기독교 비판은 말이나 글로 그치지 않고 직접 행동으로 나타나기도 했다. 이 같은 사실은 주로 만주지역에서 기독교인들이나 선교사에 대한 폭력행동으로 나타났다.67)

요컨대 사회주의 세력에서 기독교를 비판한 것은 주로 역사적이고 현실적인 관점에서 기독교가 자본주의의 하수인이자 제국주의 침략의 수족이며, 일제 식민통치에 대한 저항의식을 말살하고 일제 식민통치에 순응한다는 점을 비판한 것이다.

그러나 이상과 같은 사회주의 진영에서의 반종교운동, 특히 반기독교운동은 국내의 경우 1925년에서 1926년 초에 집중되었으나 실제로는 오래 계속되지 못했다. 왜냐하면 반기독교운동과 비슷한 시기에 한편에서는 민족통일전선론이 제기되고 있었기 때문이다. 그리하여 반기독교운동은 민족통일전선론의 제기와 더불어 민족협동전선론으로 전환하게 되고 그 결과는 1926년 11월 정우회선언과 1927년 2월의 신간회 결성으로 나타나게 되었다.

조선공산당은 먼저 1926년 2월 집행위원회에서 민족주의와 사회주의 양 운동자를 통일하기 위한 국민당 조직의 전제로 천도교를 기초로 할 것과 이를 위해 최린과 권동진파에 대한 조사에 착수할 것을 결정했다. 이어 3월 10일에는 책임비서인 강달영이 천도교 구파의 권동진 등과 기독교의 유억겸, 박동완을 만나 제휴문제를 논의했다. 그런데 유억겸과 박동완은 감리교가 중심이 된 흥업구락부의 회

---
67) 노치준, 『일제하 한국기독교 민족운동연구』, 한국기독교 역사연구소, 1993, 78-79쪽.

원이었다.[68]

그리하여 민족통일전선운동이 전개되기 시작한 이후 무조건적인 반기독교운동은 철회되기 시작했다고 볼 수 있다. 예를 들어 함북청년총연맹은 1926년 7월 24일 집행위원회에서 "조선민중의 최대 이익을 위해 종교, 비종교의 구별을 불문하고 통일 단결할 것과 사교(邪敎)는 박멸하되 기독교, 불교, 천도교의 이해와 연결을 촉진할 것"을 결의함으로써 기독교와의 연대를 공식적으로 결정했던 것이다.[69]

한편 이상과 같은 사회주의자들의 급진적인 기독교 비판은 당시 기독교로서 하나의 커다란 과제며 도전이었다. 1920년대 국내로 유입된 사회주의 사상은 현실적이고 또 진취적이었으며, 민족해방운동에 있어서 보다 구체적인 대안을 제시해 주는 것이었다.

다시 말해 묘하게도 사회주의 사상은 교회가 깊이 침투해 보지 못했던 사회의 하류계급에 대한 호소력 및 민족의 해방을 직접적으로 전취하는 방법에 있어서 기독교 보다는 훨씬 억압받고 있던 '식민지 조선'의 민중들에게 다가가고 있었던 것이다.[70]

따라서 조선의 기독교는 역사상 천주교의 수난과 탄압보다도 더 무서운 힘을 가진 새로운 사상의 도전에 직면하게 되었다. 그러나 당시 개신교인들은 사회주의에 대한 이해나 준비가 부족했기 때문에 반박조차 할 수 없었다.

당시 한국교회의 실정은 스스로 자탄하기를 "보라! 현금 조선에서

---

68) 이준식, 「일제 침략기 기독교 지식인의 대외인식과 반기독교운동」, 앞의 잡지, 38쪽.
69) 위의 논문, 39-40쪽.
70) 민경배, 『한국기독교회사』, 2017, 402쪽.

기독교인을 욕하는 글과 말이 폭우처럼 쏟아져도 반박문을 쓸 사람도 없고, 반박론을 할 철저한 종교가도 없다"고 했다.[71] 그리하여 당시의 기독교인들은 그들 나름대로의 반응을 보였다.

우선 교회는 충격을 받고 다음과 같이 언급했다.[72]

> "어찌하여 목적이 동일한 기독교를 반대하는가. 보라! 조선의 현상에 대해 기독교가 기왕의 한계를 극복하기 위해 얼마나 노력하는가!"

교회에서는 기독교는 본래 빈자, 약자의 종교운동이었다고 하면서, 공산주의자들을 향해 이렇게 외쳤다. "기독교는 본래 제군의 종교였던 것을 생각하라. 기독은 결코 굴종적인 무저항주의자가 아니다. 타협적 평화론자가 아니다, 건전고투의 용사였다." 또한 기독교를 반대하는 것은 동포의 전도 개척을 저해하는 일이오, 동포를 사랑하지 않는 것이라고 반박했다.[73]

그런가 하면 "오늘날의 교회는 그저 민중을 위해 있는 것이 아니라 무산계급의 운명을 개척하기 위해 있어야 하며, 따라서 현대의 기독교회는 반성해야 한다고 본다"라는 등 어느 정도 사회주의자들의 기독교 비판에 대한 타당성을 인정하기도 했다.[74]

더 나아가 "우리들이 불만 불평하는 세계를 부인하고 우리가 동경하는 신세계를 조성하고자 함에는 기독교 사상과 사회주의가 서로 같다고 사유된다"고 하여 기독교와 사회주의가 서로 조화를 이룰 수

---

71) 위의 책, 480쪽.
72) 위의 책, 1993, 381쪽.
73) 위의 책, 2017, 408-409쪽.
74) 한국기독교역사연구소, 『한국기독교의 역사』 2, 49쪽.

있다고 생각하는 기독교인들도 있었다.75)

그러나 대체로 기독교는 그 교리의 근본 사상인 사랑정신에 의거하여 사회주의자들을 회유, 선도하고 교회의 결점을 보완, 또는 개혁하기에 노력하기보다는 이들을 배척하는 반공·반사회주의 노선을 택했다.

즉 1930년대는 진보적 성향을 띠고 있던 기독교의 소수 분파들이 극도로 위축되고, 보수주의자들의 헤게모니가 확고하게 강화된 시기였기 때문에 기독교의 사회주의에 대한 비판이 강력하게 제기되고, 유물론과 사회주의에 대한 단호한 결별, 다시 말해 반공노선이 공식적으로 선언되었다.76)

심지어 복음주의적 신앙을 가진 보수주의 개신교인들 중에는 공산주의가 횡행하는 것은 말세의 징조라고 못 박을 정도로 적대감을 드러냈다.77)

3. 무교회주의 진영의 비판

(1) 성공주의 비판

우선 한국의 무교회주의 창시자인 김교신은 기존의 기독교가 세속주의 및 사업주의에 물들어 성공에 열중하는 것을 비판했다. 그는 다음과 같이 주장하고 있다.78)

---

75) 위의 책, 50쪽.
76) 김흥수, 앞의 책, 54쪽.
77) 노치준, 앞의 책, 84쪽.
78) 「제자된 자의 만족」, 김교신(노치준·민혜숙 옮김), 『조와』, 동문선, 2001, 31쪽.

"조선에 기독교가 들어온 지 반세기가 되는데 처음부터 끝까지 염려한 것은 '성공' 두 글자였다. 자기네들끼리 염려하다가 못하여 길가의 돌덩이 같은 평신도까지 붙잡고 성공, 성공, 또 성공이다. 이럴 때에 성서의 진리성이 절절히 감명된다."

여기서 김교신은 성공이란 대체 무엇인가라고 물으면서, 잡지의 발생부수가 수백 혹은 수천 부에 달하고 웅대한 회관과 대중집회를 인도하게 되는 것이 과연 성공일까?라고 반문했다. 그러나 대사도인 바울의 일생에는 소위 성공이란 것은 전연 없었다고 주장했다. 세상의 안목으로 보면 바울의 생애는 실패의 일생이었다. 그러나 바울 자신은 결코 실패라고 생각지 않았다고 했다. 그는 선한 싸움을 싸우고 달려갈 길을 다 가고 믿음을 지켰으니 이제 후로는 의의 면류관이 그를 위하여 비치되었다고 주장했다는 것이다.[79]

김교신은 기독교에 있어서 성공이라는 것을 양적인 성장으로 보았으며, 아동 주일학교에서 헌금을 많이 내는 아이에게 선물을 준다든지 특별히 우대한다는 교회의 금전에 구애받는 행위는 '종교의 옷을 빌린 천박한 사업주의'라고 비판했다.[80]

그리고 김교신은 이같이 성공주의나 사업주의에 기반을 둔 기독교의 행태에 대해 임의로 진리를 확인하고 자기류의 처방으로 세상을 미혹하며, 소경이 소경을 인도하여 둘 다 구덩이에 빠지는 격이라고 비판했다. 또한 그는 성공한 수백 수천 명의 전도자보다 실패한 스데반 한 명이 이 백성 중에 출현하기를 소원한다고 호소했다.[81]

---

79) 위의 책, 31-33쪽.
80) 이진삼, 앞의 논문, 50쪽; 양현혜, 『윤치호와 김교신』, 한울, 1994, 181쪽.
81) 「제자된 자의 만족」, 김교신(노치준·민혜숙 옮김), 앞의 책, 32-33쪽.

그러면서 김교신은 다음과 같이 결론을 맺고 있다.

> "그러므로 성공의 비전에 그처럼 큰 흥미를 가지지 못함을 용납하라. 우리는 스데반의 뜻밖의 죽음에서 성공을 본다. 사도 바울의 적막한 생애에서 승리의 면류관을 본다. 여우도 굴이 있고 공중에 나는 새도 집이 있으되 오직 인자는 머리 둘 곳이 없다 하시고, 나중에 십자가 위에서 참패의 죽음을 당하신 예수 그리스도 안에서 성공의 열매를 보고 우주 정복의 진리를 보았다. 첫째도 진리, 둘째도 진리, 셋째도 진리이다. 진리를 배우고 진리에 살아가면 실패도 성공이요, 십자가도 성공이다. 예수께서 주관한 잡지가 수천 부의 독자를 가졌던가? 예수께서 소유하였던 회당이 얼마나 크고 넓었던가? 예수께서 소속하였던 교파의 교세가 수십만을 세웠던가? 우리는 식견이 좁아 알지 못한다...예수 이외의 길을 구하지 않고 스승보다 나은 성공을 원치 아니하니 제자의 만족이 여기에 있노라."[82]

김교신은 이러한 사업주의나 성공주의의 관점에서 현대는 상하대소의 구별 없이 모두 이권관계로 맺어져 있다고 보았다. 나라와 나라 사이도 이권으로 다투고, 이권으로 친화하며, 대신과 교장 및 그 밖의 온갖 유리한 지위도 이권화하지 않고 남은 것은 없다고 보았다. 심지어 기독교회의 선교사업까지도 이권화 하여 버렸다고 한탄했다. 그리하여 대체로 '유용', '무용'이라는 문구가 매우 의미심장한 문자인 것을 발견했다고 하면서, '쓸데 있는 것'과 '쓸데 없는 것'을 민첩하게 판별하려는 것은 모든 공리주의자의 속성인 동시에 직업직 종교가의 염두에서 잠시라도 떠나지 않는 근본사상이 되어 버렸

---

82) 위의 책, 34-35쪽.

다고 주장했다.83)

『성서조선』52호(1933.5)에 실린「조선교회와 교권자 제위께」라는 글에 따르면 현대 한국교회는 그 종교생활의 중심을 사업활동에 두어 심령은 그 기관에 종이 되어 있고, 사업은 현대 교회 내의 우상이 되어 있어, 각 개인 심령의 생명유무는 등한시 혹은 망각되어 있는 것이 심하다고 했다. 그리하여 무교회주의자들은 이러한 현상을 기독교의 본말이 전도된 현상이라고 보았으며, 이는 근본이 아니고 종교도 아니라고 주장했다. 우리 존재의 목적은 각 개인의 심령 안에 성령으로 말미암은 그리스도 생명이 있느냐 없느냐가 근본문제라는 것이다.

또한『성서조선』96호(1937.1)에는「교회당건축문제」에 관한 글이 실려 있다. 이에 따르면 당시 기성교회들은 이러한 사업주의 및 성공주의에 기반을 두어 교회당 건축문제에 집중하고 있다고 비판했다. 이는 마치 이스라엘 백성들이 금송아지에 열중하듯 없는 힘을 쥐어짜서라도 전 역량을 다해 교회당을 지으며, 그것으로 신앙을 저울질한다고 지적했다. 그러나 이러한 교회당 건축문제는 성경에도 근거가 없는 것으로써 중요한 것은 오직 그리스도의 복음과 신앙만이 본질적 문제라고 주장했다.

특히 김교신은 미국 기독교로부터 많은 영향을 받은 한국기독교인에게는 비기독교적인 요소가 적지 않다고 보았다. 예를 들어 교회 관계 잡지의 발행부수와 광대한 교회의 건축 또는 종교 집회에 있어서 신자 동원 수로써 교회의 성공 여부를 판가름 하는 한국기독교회의

---

83) 위의 책, 55쪽, 57쪽.

사업주의나 성공주의는 미국적 기독교의 영향이라고 보았다.[84]

또한 김교신은 미국기독교는 원래의 그리스도교의 모습이 아닌 황금, 스포츠, 오락, 사교술 같은 세속적인 사업주의와 사교주의적인 것이 주류를 이루고 있다고 보았다. 그리하여 교회는 자본주의와 물질만연주의, 그리고 성공주의로 가득차 그리스도의 복음은 어디에서도 찾아볼 수가 없다고 보았다.

김교신은 한국의 기독교가 완전하게 성장하려면 이러한 미국식 기독교를 근본적으로 한국의 기독교와 분리시켜야 한다고 하였다.[85]

(2) 교역자들과 교파주의 비판

『성서조선』 99호 17면에 게재된 최흥종 목사의 「교역자의 반성과 평신도의 각성을 촉구함」이라는 글에 따르면 현하 한국교회의 정세와 교역자의 과오를 지적하여 지도층의 반성과 평신도의 각성을 촉진하고자 했다. 한국교회가 특수한 은혜를 받아 반세기 동안 장족의 발전을 해서 조직적 전개가 민활하여 역사적 고구와 신학제도와 예배 규범과 권징 조례와 정치며 헌법이며 규칙이며 회규며 제반 법률적 제도가 옛날 유대교나 로마교 교권만능주의 선배들보다도 더 예리하고 냉민(冷敏)하여 놀라운 재간과 지식과 수단을 가진 교역자들이 많이 출현했다고 했다. 그러나 목자들은 대개가 삯꾼이므로 고용적 행세를 종종 발휘한다고 보았다. 양떼를 위해 희생하기 보다는 각자의 명리를 위하여 영리적 목자들이 대량생산됨이 현금 한국교

---

84) 양현혜, 『윤치호와 김교신』, 한울, 1994, 181쪽.
85) 이진삼, 앞의 논문, 49쪽.

계의 상태라고 주장했다.86)

특히 교역자들이 회합하는 곳마다 시기, 분쟁, 충돌, 기만, 중상 등 성서진리에 배치되는 부도덕, 무의의(無義誼)한 행동을 성회라고 부르면서, 실제로 한국교회 내막을 살펴보면 진정한 예수 그리스도의 주의는 없으며, 성서 교훈을 실현하지도 않는다고 했다. 즉 "이 백성이 입술로는 나를 공경하되 마음으로는 나를 멀리하도다. 사람이 명한 것으로 도를 삼아 헛되이 나를 경배하는 것"이라 하신 말씀이 현하 한국교회의 모습이라고 주장했다. 외관으로는 화려한 예배당과 부속사업이 많고 회당, 노회, 총회 혹은 대회, 연회 등 법적 조직이 정연하고, 영웅 신사벌의 교역자들이 500 나한(羅漢) 같이 몸가짐이 위엄 있고 질서 정연하되, 그 맺힌 열매는 공과허실이 많고 잎만 무성한 무화과수이다. 순진한 양떼에게서 젖을 짜고 털을 깎고 수단방법을 다하여 빨아내고 짜내어서 각자의 배를 채우고, 이익과 명예를 위하여 다방면으로 활용하되 양떼는 수척하고 미약하며 영양결핍에 빈혈과 기갈이 극심함을 깨닫지 못하고 있다는 것이다. 이들 교역자들은 양의 옷을 입은 이리에 불과하고, 교회나 노회나 총회나 대회 등을 영웅 신사벌을 양성하는 무대로 삼고 제반 활동을 다하여 분쟁, 기만, 음모, 궤휼과 민중이간을 일삼는 것이 현하 한국교회에 등장한 영웅 목사들의 능사라고 비판했다.87)

무슨 단이니 무슨 회니 하고 평신도를 충동하는 것도 그네들이요, 교회끼리 신도끼리 서로 의아와 원우를 품고 대립하게 하는 것도 그네들이요, 교육사업에 명예적 야심을 품고 덤벼들어 통일을 방해하는

---

86) 노평구 엮음, 『김교신 전집』 6, 일기2, 부키, 2002, 189-190쪽.
87) 위의 책, 190-191쪽.

것도 그네들이라는 것이다. 따라서 한국교회가 좀 더 성화하고 순복음적 바른 길로 진전되려면 현하 교계를 교란하는 등장인물들이 퇴장하고 순복음적 신진 교역자들이 봉역 하여야 한다고 주장했다.[88]

따라서 평신도들은 심사 고구하여서 예수 그리스도의 몸된 교회를 위선적 가목자들에게 전임하고 관광만 할 것이 아니라 노회나 총회를 혁신 개조하는 데 착안함을 복기(伏祈)한다고 주장했다.[89]

이처럼 교역자들이 양떼들을 위해 목숨까지도 아끼지 않는 좋은 목자가 아니라, 각자의 명리만을 위하는 '양의 옷을 입은 이리'에 불과하다는 비판은 일제강점기뿐만 아니라 오늘날의 교회에도 해당되는 것이라 할 수 있다.

한편 김교신은 교회의 교파주의도 문제 삼았다. 1920년대 후반에서 1930년대 전반에 이르는 시기에 한국교회는 신학적 갈등이라는 내적 대립현상이 첨예하게 드러났고 이와 관련되어 교파 간 갈등의 여러 징후들이 나타났다. 그 양상은 장로교·감리교 연합으로 표현되어 온 교회연합운동이 교파교회의 이권분쟁으로 인해 와해되는 현상이 나타났고, 교회 안에서도 신앙·신학적 갈등과 지방색이 배경이 된 교권 분쟁현상이 나타났다. 특히 장로교 안에서는 마치 세포 분열하듯 많은 교파와 계파가 나누어지게 되었다. 이러한 부정적 사건의 근본원인은 교파신학에 근거한 교파 간의 이해관계, 폐쇄적이고 배타적인 신학풍토, 지방색에 의한 교권의식 등이었다는 점에서 이 같은 신학과 기독교인 의식형성에 상당한 영향을 끼친 선교사들에게도 책임의 일면이 있었음을 지적하고 있다.[90]

---

88) 위의 책, 191쪽.
89) 위의 책, 192쪽.

이러한 당시 기독교의 종파주의 내지는 교파주의 실정에 대해 김교신은 다음과 같이 지적하고 있다.[91]

"오늘날의 신자는 전도를 열심히 한다. 불쌍한 영혼을 구원하기 위하여 한다고 한다. 그러나 그 불쌍한 영혼은 끌려서 어디로 가나, 하나님께로 가나, 예수께로 가나, 아니 우리 장로교로 가고, 우리 감리교로 간다. 때로는 좌우편에서 끌어, 그 가련한 양은 갈팡질팡하는 수도 있다. 그것을 없애기 위하여 구역의 설정이 있다. 저기는 네 구역, 여기는 내 구역, 재산 분배를 청하는 사람을 보고, '누가 나를 너의 위에 법관과 물건 나누는 자로 삼았느냐'고 책망한 예수가 그 구역을 분배하였을까."

특히 김교신은 전도에서 각 교파의 신도 쟁탈전은 이러한 종파주의의 단적인 예라고 보고 있다. 교파심을 갖고 있는 사람이 기독교인이 된다는 것은 단순히 그리스도만 믿는 것이 아니고, 자기 교파의 교리를 받아들이는 것이라고 생각하여 전도에서도 자기 교파의 세력 확장을 꾀한다는 것이다. 그로부터 천국에 가기 위해서는 우리 교파가 아니면 안 된다고 선전하고 신도 쟁탈전을 전개한다. 신도 쟁탈전이 과열되면 이미 다른 교파에 속하고 있는 신자에 대해서도 자기 교파를 강요하는 기묘한 전도가 나타난다.[92]
김교신은 인간세상에서 가장 더러운 것은 신도 사이의 종파심이

---

90) 이진삼, 앞의 논문, 14쪽, 17쪽.
91) 「하나님 중심의 신앙으로 돌아오라」, 노평구 엮음, 『김교신 전집』 2, 신앙론, 부키, 2001, 242-243쪽.
92) 양현혜, 『윤치호와 김교신』, 한울, 2009, 159쪽.

라고 지적하면서 구교도가 신교도에 대한 것과 제칠 일 안식교도가 복음주의 신도에 대해 하는 수작이나, 다 같이 복음주의의 신교도이면서도 장로교, 감리교, 성결교 등이 서로 공격과 수비 전략에 몰두하는 현상이나 하물며 기성교회의 핍박에 머리 둘 곳도 얻지 못하여 헤매는 자들 중에서도 종파심이 움튼다는 것은 아무리 호의로 본다 해도 "종교 그 물건에 침을 뱉고 싶고, 인간 세상까지도 저주하고 싶게 한다"고 극언하고 있다.[93]

그리고 이 교파의 경쟁은 교파심에서 나오는 데, 교파심이란 그리스도를 자신들의 집단만이 독점하려는 배타성이라고 보았다. 이 교파심이 교권주의를 일으키고, 이 교권주의는 그리스도인이 되는 것의 의미를 심각하게 왜곡한다고 했다.[94]

더 나아가 김교신은 한국기독교의 교파 경쟁의 근본적인 원인의 하나는 미국교회와 그 선교사들의 교파 이식적 선교방식법에 기인한다고 생각했다. 이런 교파의 역사는 우리 민족과 아무런 연관이 없다는 것이다.[95]

특히 김교신은 미국 선교사들의 보수적인 근본주의에 영향을 받아 자기의 신앙형태 이외의 것은 모두 이단으로 단죄하는 한국기독교의 '신앙경색증'을 비판하고, 각 교파가 교파심을 버리고 그리스도에게 돌아 올 것을 주장했으며, 어느 교파의 주장도 이단으로 배척하지 않고, 거기에서 배우고 함께 진리를 추구해 가는 관용의 정신을 갖는 것이 중요하다고 보았다.[96]

---

93) 「섬들아」, 김교신(노치준·민혜숙 옮김), 『조와』, 동문선, 2001, 43쪽.
94) 김윤정, 「김교신의 교회에 대한 인식」, 연세대학교 대학원 석사학위논문, 2007, 47쪽.
95) 양현혜, 『윤치호와 김교신』, 157쪽; 김윤정, 앞의 논문, 46쪽.

당시 교파주의 내지는 종파주의는 기독교 내에서 '가교회'나 '사생아 교회'라는 용어까지 통칭될 정도로 심각했다.97) 이렇게 한국에서 정파, 가파의 종파 싸움이 일어나는 이유 중에 서양인, 즉 선교사가 세운 교회만이 정교회이고, 한국인 자신이 창설한 교회를 보고는 가교회라고 생각하는 것도 있기 때문이라고 지적했다.98) 그리하여 이는 반선교사주의 및 '조선산 기독교'를 수립하려는 의지로 표출되는 것이었다.

교파 간의 경쟁은 마침내 이단 논쟁까지 일으켜 각파의 사람들은 서로 증오하면서 싸우게 되는데, 이단 시비에 대해서 김교신은 정통과 이단과를 구분하는 기준이란 무엇인가 묻고 그것을 구분할 수 있는 인간적인 표준이라는 것은 원래 존재하지 않는다고 하면서, 이단 시비는 기독교와는 아무런 관계가 없는 인간적인 세력싸움에 지나지 않는다고 비판했다.99)

당시 한국기독교계에서는 장로교 총회와 감리교 연회의 인가가 없는 것은 이단으로 규정하였다. 이런 방식으로 한국기독교계에 많은 이단자가 제정되었으며, 한번 이단으로 정한 사람은 교회당에서 설교할 수도 없이 만들고, 청년회관에서 성서를 강의하는 것도 거절했다.100)

그리하여 김교신은 "우리는 교파에 대하여 둔감하다. 남북 감리교파가 한국에서까지 대립하고 있었던 이유를 이해하지 못하였음은

---

96) 양현혜, 『윤치호와 김교신』, 159쪽, 181쪽.
97) 「가교회」, 노평구 엮음, 『김교신 전집』 2, 신앙론, 부키, 2001, 223쪽.
98) 김윤정, 앞의 논문, 45쪽.
99) 양현혜, 『윤치호와 김교신』, 59-160쪽.
100) 노평구 엮음, 『김교신 전집』 5, 일기 1, 부키, 2002, 274쪽.

물론이거니와, 장로교·감리교 양파의 교역자가 성결교에 대하여 가지는 감정과 안식교도와 천주교도가 복음주의 신교도를 보는 그 감정은 우리에게서는 쥐어짜도 나올 수 없으니 이는 평신도인 까닭인가 한다. 교리 논쟁은 전문가와 대가에게 위탁하고 우리는 예수를 그리스도로 믿는 일만으로 족한 자이다"라고 역설했다.101)

(3) 부흥회적 신앙 비판

3·1운동 이후 기독교에 나타난 신앙양태는 네 가지 흐름으로 나누어지게 된다. 즉 탈역사적 복음주의로의 회귀 및 신비주의 신앙운동, 기독교 사회운동, 기독교 사회주의, 그리고 무교회주의 운동이 그것이다.

특히 1920년대 사회주의 사상의 물밀듯 한 조류 및 새로운 사상의 변화 속에서 민족운동 그 자체를 포기하고 탈역사적 복음주의로의 회귀 및 초월적 신비주의 신앙운동을 전개한 이들은 대개 일제와 직접·간접 혹은 결과적으로 결합하고 있었던 선교사들과 그 기독교 교단 측이며, 교리적으로는 전투적인 근본주의 및 보수주의 신학에 근거한 세력들이다.

선교사들은 당시 한국이 직면한 문제는 개인들이 도덕적인 변화를 입을 때 해결될 수 있다고 보았다. 즉 1920년대 사회현실문제에 대한 복음주의적 접근방식은 사회적인 문제를 개인의 도덕적·영적 문제로 환원시켜 버리고, 정교분리를 주장하며 오로지 복음전파에

---

101) 「우리는 한 평신도이다」, 김교신(노치준·민혜숙 옮김), 『조와』, 동문선, 2001, 53쪽.

전력하는 탈역사적·비정치적 경향이었다. 그리고 그 극단적 신앙 양태는 신비주의로 치닫게 되었던 것이다. 이는 극단적인 복음주의로의 회귀였다.

이와 같은 현상은 길선주, 김익두, 이용도 등 주로 한국 교회가 낳은 위대한 부흥사들로 평가되는 사람들에 의해 주도되었다.[102] 이 부흥회적 신앙형태는 일본의 통치가 점점 더 가혹해짐에 따라 한국 기독교의 대세를 점하게 되었다.[103]

이에 김교신은 부흥회적 신앙에 비판을 가했다. 그는 기독교 전교 50주년을 기념한 때 길선주 목사와 같은 기독교계의 중진이 세상을 떠나자, 50년간 포교에 30만 또는 50만에 달하는 성도는 그 어느 한 사람도 성령의 축복이 없이 된 이는 없다고 해도 과언이 아니라고 하면서, 한국교회의 50년 역사는 확실히 은총의 역사요, 이적으로 된 것이라고 하면서, 이러한 은혜로 된 역사를 가장 잘 구현한 성도의 한 사람이 바로 길선주 목사라고 인정했다.[104]

그러나 김교신은 이 부흥회적 신앙그룹을 '성신타입'이라고 부르고 이들을 '성신열병환자'라고 규정했다.[105] 그는 인체의 열이 40도를 지나면 위험한 것처럼 신앙의 열도 그 도를 지나치면 대개는 위험한 일이 많다고 하면서 무교회주의자들은 인공적으로 부흥의 열을 가하지 않을 뿐만 아니라, 될 수 있는 대로 냉수를 치면서 냉정한 중에서 성서를 배우려는 것이라고 했다.[106]

---

102) 한국기독교역사연구소, 『한국기독교의 역사』 2, 기독교문사, 1998, 41쪽; 민경배, 『일제하의 한국기독교 민족신앙운동사』, 대한기독교서회, 1991, 281쪽.
103) 양현혜, 『김교신의 철학』, 이화여자대학교출판부, 2013, 140쪽.
104) 「금후의 조선 기독교」, 노평구 엮음, 『김교신 전집』 2, 신앙론, 부키, 2001, 97쪽.
105) 양현혜, 『윤치호와 김교신』, 160-162쪽.

김교신은 성령이란 자연히 위에서 강림하는 것으로, 인간 측에서 인위적으로 구하는 것이 아니라고 지적했다. 그리고 부흥회에서 인위적으로 만들어낸 집단흥분 상태의 종교체험으로는 신자의 삶과 인격을 변화시키기에는 역부족이라고 보았다. 열광적인 뜨거움만을 추구하는 감성적 신앙은 마치 "마귀 하나를 쫓아 낸 후에 일곱 마귀가 도로 들어와 거하는 것과 같다"고 비판했던 것이다.[107]

따라서 김교신은 부흥회적 신앙형태 속에 있는 비이성적인 맹신을 비판했다.[108] 그는 이성과 인간으로서 지켜야 할 도덕적 양심을 도외시하고 이성의 규범을 이탈하여 당시 부흥사들이 이끄는 맹목적인 성신의 역사를 기독교적 '무당의 무리'로 비유하면서, 이러한 '성신열병환자들'을 퇴치해야 하며, 이성 존중으로 치우치고자 한다고 역설했다. 그러면서 과거의 한국, 무식 암매한 시대에는 성신의 역사로 오는 길이 확실히 은혜의 길이었으나, 반세기를 경과한 오늘 이후로는 그 길이 반드시 유일의 길이 아닐 뿐 아니라, 성신의 역사를 고의로 경계해야 할 시대에 처하였다고 지적하면서, "지나간 50년간의 조선 기독교도가 대체로 '성신 타입'이었다면, 금후의 그것은 '학구 타입'이 되기를 기대한다"고 했다.[109]

그러면서 김교신은 "『성서조선』과 우리 집회는 주장보다 연구를 위주로 한다. 부흥회에서 보는 흥분된 상태와 법열의 경에서 미친 듯 취한 듯한 태도는 우리의 취하는 바 아니다. 모래밥과 같을지라

---

106) 「성서연구의 목적」, 노평구 엮음, 『김교신 전집』 2, 신앙론, 부키, 2001, 71쪽.
107) 양현혜, 『김교신의 철학』, 141쪽.
108) 위의 책, 142-143쪽.
109) 노평구 엮음, 『김교신 전집』 2, 신앙론, 97-98쪽, 112쪽.

도 학구를 위주하고, 부족할지라도 연구의 결과를 실어 보내려 한다"고 했다.110)

그리고 김교신은 금후의 한국기독교가 지향해야 할 것은 "이성의 시대요, 연구의 시대"라고 외치면서, "기독신자가 되기 전에 우선 이성의 정상과 교양을 힘쓸 것이다. 이성이 왜곡된 데는 신앙도 구원도 없다"고 했다.111)

김교신은 과거 50년간 한국기독교계의 인물은 대소고하의 차는 있어도 총괄하여 말하면, 대다수인 우익은 길선주 목사 타입의 성신파요, 소수의 좌익은 소화 불량한 비판학자 몇 사람이었다라고 하면서, 금후에는 학문과 신앙을 완전히 합금한 건실한 학자 출신의 시대여야 한다고 역설했다.112)

이러한 김교신의 주장은 감정적이고 맹목적인 신앙으로 치닫는 부흥회적 신앙에 대해 성서연구를 통한 이성적이고 합리적이며 과학적인 신앙에 기초한 것이었다.

(4) 기독교 사회운동 비판

3·1운동의 실패에 대한 평가 및 반성과 더불어 나타난 기독교 사회운동은 1920-30년대 일제의 문화통치라는 정세변화 및 사회주의 사상의 도입이라는 새로운 사회상황에 직면해서 단순히 복음주의로

---

110) 「성서조선은 무엇인가」, 김교신, 『김교신 전집』 2(신앙과 인생 하), 김교신전집간행회, 1975, 357쪽.
111) 노평구 엮음, 『김교신 전집』 2, 신앙론, 98쪽, 112쪽; 김교신, 『김교신전집』 1(신앙과 인생 상), 김교신전집간행회, 1975, 124쪽, 139쪽.
112) 노평구 엮음, 『김교신 전집』 5, 일기 1, 부키, 2002, 426-427쪽.

의 회귀와는 달리 보다 적극적으로 현실변화에 대처해 나가려는 시도였다. 이는 농촌계몽운동, 문맹퇴치운동, 절제운동, 야학운동, 문서운동, 여성계몽운동, 금주, 금연, 절제운동 등으로 전개되었다.

김교신은 이러한 기독교 사회운동에 대해서도 비판하고 있다. 그는 기독교 사회운동에 대해 이런 신진 사상가들의 노력을 장하게 여기며, 문을 넓히고 길을 평탄히 하여서라도 침체된 예수교회를 좀 더 진흥시켜 보겠다는 생각만은 가상한 일이며, 기독교가 전무후무의 빈곤에 처해 있는 한국사회의 절박한 요구에 부응했다는 점에서는 그 의의를 인정하면서, 이러한 예수교는 과연 시대에 적합한 종교라고 인정했다.113)

그러나 김교신은 당시의 세태를 스피드한 활동을 강조하는 시대라고 진단하면서 "기독교의 이상은 활동과 사업에 있지 않고 안식에 있다"고 했으며, 이러한 기독교 사회운동은 시대에 적합한 종교라 할 것이지만, 그가 예수교를 믿는 것은 "천당 가는 것만이 목적이다"라고 주장했다.114)

김교신은 근래의 세태는 스피드, 스피드 하여 육해공의 교통기관은 극도로 발달하였고 집무와 사교기구는 일찍 상상도 못했던 만큼 완비되었지만 현대인은 대체로 깊은 안식을 모르고 있다고 주장했다. 그는 세상과 같이 요동하는 자는 세파에 부서질 것이며, 스피드를 강조하는 사람은 스피드에 침몰되리라고 했다. 그리하여 안식에 이상을 두는 자만이 죽을 정도로 바쁜 세상에서 구원을 받을 것이며, 안식을 이상으로 품은 기독교에 참구원이 있을 것이라고 주장했다.115)

---

113) 「나의 예수교」, 노평구 엮음, 『김교신 전집』 2, 신앙론, 85-86쪽.
114) 김교신, 『김교신전집』 1(신앙과 인생 상), 김교신전집간행회, 1975, 110쪽, 221-222쪽.

김교신은 그리스도가 십자가에 못 박힌 것은 바로 교회의 형식과 세속주의를 박멸하기 위한 것이라고 하면서, 교회가 형식과 세속주의에 빠져서는 안 된다고 강조했으며, 교회가 수양소나 문화기관이니 하는 문화주의나 형식주의에 매몰되지 말고 본래 그리스도의 한 지체로서 '하나님 중심신앙'이라는 본연의 모습으로 돌아와야 한다고 했다.116)

김교신은 과학조선운동이나 농업조선중흥운동 및 상공조선운동, 더 나아가 공산조선운동 등은 나름대로 의미가 있지만 그럼에도 불구하고 모두 풀의 꽃과 같고, 아침 이슬과 같아 오늘 있으나 내일은 그 자취도 찾아볼 수 없을 것이며, 모래 위의 건축이라 풍우를 당하여 파괴됨이 심하지 않을 수 없다고 생각했다. 그러므로 '조선'의 영구적인 기초공사라 할 수 있는 성서적 진리를 '조선인'에게 소유시키며, '조선'을 널리 깊이 연구하고, 새로운 '조선'을 성서 위에 세우는 일이 보다 중요한 일이라고 보았다. 이것이 그의 신념이요, 인생관이요, 또 포부의 전부라고 했다.117)

김교신은 금주단연이나 허례폐지, 문맹퇴치, 민족의식의 고취 등 사회운동은 기독교에 전매특허권이 있는 것이 아니요, 다른 단체나 종교에서도 능히 할 수 있는 일이라고 주장했다.118)

요컨대 기독교 사회운동은 근본적으로는 기독교의 본말이 전도된 운동이라고 생각했다. 그 이유는 첫째, 기독교 사회운동의 이념은

---

115) 김교신(노치준·민혜숙 옮김), 『조와』, 동문선, 2001, 180쪽.
116) 「하나님 중심의 신앙으로 돌아오라」, 노평구 엮음, 『김교신 전집』 2, 신앙론, 243-244쪽.
117) 노평구 엮음, 『김교신을 말한다』, 부키, 2001, 61-62쪽, 130쪽.
118) 노평구 엮음, 『김교신 전집』 2, 신앙론, 86쪽, 187-188쪽.

기독교=사회개혁으로, 거기에는 속죄도 없고 부활도 십자가도 없다고 보았다. 둘째, 김교신은 기독교 사회운동의 하나님 나라 이해에 문제를 제기했다. 그는 기독교 사회운동은 하나님 나라가 지상에 점차적으로 임한다고 이해한 결과, 교회가 '지상천국건설운동'을 하는 하나의 사회사업기관화하고 있다고 보았다. 그는 하나님 나라는 인간의 힘으로 실현되는 것이 아니라, 신 자신의 절대적인 이니셔티브를 갖는 나라라고 보았다. 물론 그 운동은 인간 역사와 접점을 가지고 역사 내에서 진행된다는 의미에서 내재적이지만, 그 근거와 실현은 초월적이라고 본 것이다.[119]

이상과 같이 무교회주의 진영에서는 순복음주의적 입장에서 기존의 기독교에 대해 비판을 가하고 있다. 우선 그 세속주의 및 사업주의에 의한 성공주의를 비판했다. 그리고 이에 근거하여 현대는 모두 이권관계로 맺어져 있어 기독교의 선교사업까지도 이권화되었다고 비판했다. 이로써 사업과 성공은 교회의 우상이 되었고, 각 개인 심령의 생명유무는 등한시 되었으며, 사업주의와 성공주의에 기반을 두어 교회당 건축문제에 집중하고 있다고 비판했다. 그리고 한국교회의 사업주의나 성공주의는 미국적 기독교의 영향으로부터 온 것이라고 했으며, 한국의 기독교가 완전하게 성장하려면 이러한 미국적 기독교로부터 분리되어야 한다고 주장하면서 '조선산 기독교'를 제창했다.

또한 무교회주의 진영에서는 이러한 세속주의와 사업주의에 기반

---

[119] 양현혜, 『김교신의 철학』, 146-150쪽.

을 두어 전개된 기독교 사회운동에도 비판을 가했다. 이 모두는 기독교의 본말이 전도된 운동이라고 주장하면서, 예수 그리스도 중심, 하나님 중심의 기독교로 회복되어야 함을 강조했던 것이다.

또한 무교회주의 진영에서는 기독교의 교역자들과 교파주의를 비판했다. 교역자들이 양떼를 위해 자신을 희생하는 것이 아니라 오히려 각자의 명리만을 위하는 '양의 옷을 입은 이리'에 불과하다고 비판했다. 아울러 교파주의는 기독교의 배타성과 폐쇄성, 교권의식 등에서 비롯된 것으로, 이 교파심이 교권주의를 일으키고, 이는 진정한 그리스도인이 되는 것을 저해한다고 하여 인간세상에서 가장 더러운 것이라고 비판했다.

특히 무교회주의 진영에서는 기성교회의 부흥회적 신앙을 비판했다. 이를 성신타입이라고 규정하면서, 그 비이성적 맹신을 비판하고, 이성 존중의 기독교로 나아가야 한다고 주장했다.

이러한 비판들은 오늘날의 기독교에도 해당되는 것으로 앞으로 한국교회가 개혁해야 할 당면문제들이기도 하다는 점에서 의미가 있다.

따라서 오늘날 한국교회는 3·1운동 이후 나타난 기독교에 대한 비판과 함께 초기 개신교의 성장요인들을 거울삼아 초창기 개신교의 사회적·역사적 역할과 순수한 신앙열정을 회복하여 정체되어가는 한국교회를 부흥시키고, 사회변혁의 출구로서뿐만 아니라, 3·1운동의 자주독립정신과 평화주의 사상을 계승하여 분단시대를 극복하고 평화통일의 시대를 열어가야 할 것이다. 이러한 길이 바로 21세기 한국교회가 담당해나가야 할 역사적 책무인 것이다.

참고문헌

1. 1차 사료

김교신(노치준·민혜숙 옮김), 『조와』, 동문선, 2001.
김교신, 『김교신전집』 1-2(신앙과 인생 상하), 김교신전집간행회, 1975.
노평구 엮음, 『김교신 전집』 2, 신앙론, 부키, 2001.
노평구 엮음, 『김교신 전집』 5-6, 일기 1-2, 부키, 2002.
노평구 엮음, 『김교신을 말한다』, 부키, 2001.
매티 윌콕스 노블(손현선 옮김), 『매티 노블의 조선회상』, 좋은 씨앗, 2010.
박은식(남만성 역), 『한국독립운동지혈사』 상하, 서문문고(서문당), 1979(1999).
윌리엄 그리피스(이만열 옮김), 『아펜젤러』, 한국기독학생회출판부, 2015.
제이콥 로버트 무스(문무홍 외 옮김), 『1900, 조선에 살다』, 푸른역사, 2008.
C.W. 켄달(신복룡 역주), 『한국독립운동의 진상』, 집문당, 1999.
F.A.Mckenzie, 『Korea's Fight for Freedom』, 연세대학교 출판부, 1975.
H.B. 헐버트(신복룡 역주), 『대한제국멸망사』, 집문당, 1999.
H.G. 언더우드(이광린 역), 『한국개신교수용사』, 일조각, 1997.
J.S. 게일(신복룡 역주), 『전환기의 조선』, 집문당, 1999.
L.H. 언더우드(이만열 옮김), 『언더우드』, 기독교문사, 1999.

『성서조선』

2. 2차 사료

『한겨레』, 『한성대 신문』

(1) 저서

강만길, 『고쳐 쓴 한국현대사』, 창작과 비평사, 1994.
강위조(서정민 옮김), 『한국 기독교사와 정치』, 한국기독교역사연구소, 2005.
강재언, 『일제하 40년사』, 풀빛, 1984.
구대열, 『한국국제관계사연구』, 역사비평사, 1995.
김도형, 『대한제국기의 정치사상연구』, 지식산업사, 1994.
김민영, 『한국초대교회사』, 쿰란출판사, 1998.
김석영, 『아펜젤러』, kmc, 2011.
김소진, 『한국독립선언서 연구』, 국학자료원, 1999.
김행선, 『역사와 신앙』, 선인, 2008.
김행선, 『한국근현대사 강의』, 선인, 2012.
김흥수 엮음, 『일제하 한국기독교와 사회주의』, 한국기독교역사연구소, 1992.
노치준, 『일제하 한국기독교 민족운동연구』, 한국기독교역사연구소, 1993.
류대영, 『초기 미국 선교사 연구』, 한국기독교역사연구소, 2001.
류대영, 『한국 근현대사와 기독교』, 푸른역사, 2009.
망원한국사연구실 한국근대민중운동사서술분과, 『한국근대민중운동사』, 돌베개, 1989.
문규현, 『한국천주교사』 1, 빛두레, 1994.
민경배, 『일제하의 한국기독교 민족신앙운동사』, 대한기독교서회, 1991.
민경배, 『한국기독교회사』, 연세대학교출판부, 1993.
민경배, 『한국기독교회사』, 연세대학교 대학출판문화원, 2017.
백낙준, 『한국개신교사』, 연세대학교 출판부, 1985.
서정민, 『이동휘와 기독교』, 연세대학교 출판부, 2007.
숭실대학교 기독교사회연구소, 『맑스주의와 기독교사상』, 한울, 1995.

신용하, 『한국근대의 민족운동과 사회운동』, 문학과 지성사, 2001.
양현혜, 『윤치호와 김교신』, 한울, 1994(2009).
양현혜, 『김교신의 철학』, 이화여자대학교출판부, 2013.
유홍렬, 『한국천주교회사』 하, 가톨릭출판사, 1998.
윤경로, 『한국근대사의 기독교사적 이해』, 역민사, 1992.
이만열, 『한국 기독교 수용사 연구』, 두레시대, 1998.
이만열 외 지음, 『한국기독교와 민족운동』, 종로서적, 1992.
이삼열 외, 『한국사회발전과 기독교의 역할』, 한울, 2000.
이상철, 『신문의 역사』, 커뮤니케이션북스, 1999.
이선근, 『학생과 정치』, 선문사, 1954.
이현희, 『대한민국 어떻게 탄생했나』, 대왕사, 1997.
이호운, 『한국교회초기사』, 대한기독교서회, 1970.
전용복, 『한국장로교회사』, 성광문화사, 1995.
전택부, 『한국기독교청년회운동사』, 범우사, 1994.
정미현, 『릴리어스 호튼 언더우드』, 연세대학교 대학출판문화원, 2015.
조엘 박, 『맞아죽을 각오로 쓴 한국교회 비판』, 박스북스, 2008.
채기은, 『한국교회사』, 기독교문서선교회, 1997.
최영희 외, 『일제하의 민족운동사』, 현암사, 1982.
최태욱 엮음, 『신자유주의 대안론』, 창비, 2009.
캐서린 안(김성웅 옮김), 『조선의 어둠을 밝힌 여성들』, 포이에마, 2012.
한국기독교역사연구소, 『한국기독교의 역사』 1-2, 기독교문사, 1998.
한국종교연구회, 『한국종교문화사 강의』, 청년사, 1998.
한규원, 『개화기 한국기독교 민족교육의 연구』, 국학자료원, 1997.
한완상, 『예수 없는 예수교회』, 김영사, 2008.
황선희, 『한국근대사상과 민족운동』 1, 혜안, 1996.

(2) 논문

김병서, 「한국사회의 민주화와 기독교」, 이삼열 외, 『한국사회발전과 기독교의 역할』, 한울, 2000.

김윤정, 「김교신의 교회에 대한 인식」, 연세대학교 대학원 석사학위논문, 2007.
김종희, 「교육구국운동과 기독교 학교」, 연세대학교 교육대학원 도덕 및 종교교육 석사학위논문, 1985.
김행선, 「친미 친로파로서의 이완용 연구」, 고려대학교 교육대학원 역사교육전공 석사학위논문, 1984.
류청하, 「3·1운동의 역사적 성격」, 안병직·박성수 외, 『한국근대민족운동사』, 돌베개, 1980.
이선미, 『마르크스의 종교비판에 대한 연구』, 이화여자대학교 사회학과 석사학위논문, 1991.
이원규, 「한국기독교의 사회변동적 기능」, 이삼열 외, 『한국사회발전과 기독교의 역할』, 한울, 2000.
이정은, 「3·1운동 학살만행 사례」, 『역사비평』 45호, 역사문제연구소, 1998 겨울.
이준식, 「일제침략기 기독교지식인의 대외인식과 반기독교운동」, 『역사와 현실』 10호, 역사비평사, 1993.
이지원, 「3·1운동」, 『한국사』 15, 한길사, 1994.
이진삼, 「김교신의 1930년대 교회비판연구」, 감리교 신학대학교 신학대학원 역사신학전공 석사학위논문, 2001.
최보민, 「1920년대 중반 반기독교운동연구」, 성균관대학교 대학원 사학과 석사학위논문, 2013.
이원규 목사 설교, 「종교개혁의 신앙적 의미」, 영등포 중앙교회, 2017.10.29.

「서상륜」, 엠파스 한국학지식, http://m.blog.daum.net (2008.11.30.)
「이수정」, 한국민족문화대백과, http://m.terms.naver.com
이윤재 목사(분당 한신교회), 「피로 세워진 교회」, 『국민일보』, http://m.news.naver.com (2018.4.5.)
「한국 기독 역사 여행 – 말씀 접한 도쿄 난민」, 『국민일보』, http://m.news.naver.com (2018.8.10.)

찾아보기

ㄱ

가명잡지 55
가톨릭교회 23, 28
갑신정변 23, 60, 61, 113, 114, 119, 120, 121
갑오개혁 113, 114
강기덕 139
강달영 188
개벽 183
게일 19, 23, 49, 98, 115, 147, 149
경무총감부 139
경복궁 99
경성신문 56
경성신흥청년동맹회 181
경성의전 139
경성중학교 77
경성학생연맹 186
경신 140
경신학교 79, 80
경의전(京醫專) 140
경향신문 55
계성학교 79
고려공산당 176, 179, 180
고려공산청년회 182
고종 28, 59, 61, 62, 65, 66, 71, 102, 106, 109, 140, 176
공옥학교 79
공전(工專) 140
광성학교 79
광혜원 61, 78, 79
구세군 33, 36, 55, 134
구세신문 55
국민당 188
권동진 131, 136, 188
권병덕 136
권오설 182
그리스도신문 54
그리슨 33
그리피스 116
금릉대학 177
기독교전도문서회 90
기독교청년회(YMCA) 135
기독신보 178
기전여학교 79
길선주 105, 107, 136, 137, 202, 204
길영수 28
김교신 20, 191, 192, 193, 194, 195, 197, 198, 199, 200, 202, 203, 204, 205, 206, 207
김구 177

김규식　177
김단야　182
김명식　181
김병조　136
김산　129, 130
김성수　165
김영준　28
김옥균　59, 121
김완규　136
김우채　176
김원벽　135, 139
김익두　181, 182, 202
김일성　177
김창준　136
김하원　102
김홍수　18

대한성서공회　49
대한제국　98, 103, 109, 123
덕명학교　79
데라우치(寺內) 총독　77
데비스　33
도교　41
독립신문　56, 118
『독립정신』　122
독립협회　28, 118, 121, 125
동경노월 정교회　48
동덕여자의숙　77
동방교회　36
동아일보　185
동양선교회　36
동학　165
동학농민전쟁　98, 114

ㄴ

나용환　136
나인협　136
남궁억　28
남북전쟁　82
남북협상　177
노병선　55
노블　147
노춘경　34
녹스　48, 49
님웨일즈　129

ㄹ

러시아정교회　36
러일전쟁　98, 99, 100, 101
런던 선교회　90
런던 전도문서회　87
레널즈　49
레닌　174
레이놀드　33
로드와일러　54
로마교　195
로스　34, 46, 55
루미스　48
루씨(원산)여학교　79
루이스 세브란스　78
루즈벨트 대통령　102
루터교　170
리이드(C.F.Reid)　33
리이드(Gibert Reid)　58
릴리어스 호튼　63, 66

ㄷ

대성학교　77
대영성서공회　49, 86, 146
대원군　58
대한기독교서회　56
대한매일신보　122, 123, 124

ㅁ

마르크스 169, 170, 171, 172, 173, 174, 178
마르크스주의 169
마리아 23
마이아미 의과대학 32
마태오 53
마틴 루터 15
마펫 100
막달라 마리아 43
만민공동회 125
매일신문 56, 119
매킨타이어 34, 47
매티 윌콕스 노블 18
맥레이(D.W.McRae) 33
맥클레이 59, 113, 121
맨더빌트 대학 87
맹아학교 79
메리 스크랜턴 84, 99
메카이 33
멕켄지 141
명성황후 47, 58, 62, 66
명신학교 79
명치학원 165
모르드개 43
모우리 153
무교회주의 165, 191, 207, 208
무단통치 161
무디 19, 82, 84
무어 161
문화통치 161, 204
뮈텔 135
미국 전도문서회 87
미국성서공회 49, 86
미리흠여학교 79
『미이미교회강례』 55
미이미교회출판소 56

민경배 18
민영익 60
민영환 63, 98, 102
민족자결주의 130
밀러 147

ㅂ

바울 53, 104, 192, 193
박동완 136, 188
박영효 47, 119, 120, 121
박용만 176
박은식 129, 131, 138, 154, 176
박인덕 153
박준승 136
박중상 75
박헌영 182, 183, 184
박희도 131, 135, 136
반기독교대강연회대회 182
반기독데이 182
배재학당 56, 71, 72, 79, 80, 91, 115, 121, 140, 176
배화여학교 79, 140
백백교 179
백용성 131, 136
백홍준 52
번커 147
베드로 104
베르뉘 23
베른하이젤 147
보부상 28
보성여학교 79
보성학교 77, 140
보이틴스키 177
보전 139
보창학교 77
보호조약 102

부흥사경회 105, 106
불교 15, 40, 41, 132
블레어 105
비치 35
빈튼 55

ㅅ

사립학교령 77
삼문출판사 56
상동병원 101
상임성서실행위원회 86
새문안교회 34, 93, 94, 177
샤록스 147
서광범 120
서상륜 34, 45, 46, 47, 52
서재필 120, 121
선교부 한국위원회 88
선린상업 140
선천교회 35
선혜청 61
성결교회 33, 36
성경번역위원회 49
성경연구회 48
성공회 77
성서공회 46, 90, 100
성서조선 20, 194, 195, 203
세계 선교 리뷰 161
세브란스 61
세브란스병원 61, 78, 152
세브란스연합의과대학 78
세의전 139
『성교촬리』 56
『성교촬요』 55
소래 34
『속죄지도』 55
손병희 131, 136

송진우 131
수피아여학교 79
숙명학교 77
순안병원 185
숭덕학교 79
숭동교회 177
숭실대학 78
숭실학교 79
숭의여학교 79
스데반 192, 193
스코틀랜드 전국성서공회 86
스코틀랜드공회 49
스크랜턴 32, 59, 61, 69, 119, 121
스크랜턴 부인 56, 59, 72
스탈린 174
스테드완 33
시병원 61
신간회 188
신군학교 79
신명여학교 79
신민회 77
신사참배 17
신석구 136
신석호 157
신성학교 79
신자유주의 17
신채호 122, 176
신학월보 55
신한청년당 177
신흥식 136
신흥우 121
신흥청년동맹 182
신흥학교 79
실라 104
쓰다(津田仙) 48

ㅇ

아관파천 66
『아리랑』 129
아펜젤러 18, 32, 34, 49, 54, 55, 59, 69, 71, 80, 83, 85, 86, 91, 101, 112, 114, 115
안국선 121
안식교 33, 36, 77, 185, 201
안창호 121
알렌 24, 28, 29, 32, 59, 60, 61, 62, 66, 67
애니 엘러스 63
야곱 43
야스가와(安川亭) 48
약전(藥專) 139
약현학교 79
양기탁 55, 176
양대인(洋大人) 의식 97, 111
양전백 136
양정의숙 77, 140
양한묵 136
언더우드 18, 32, 34, 35, 49, 52, 54, 55, 56, 59, 63, 64, 66, 67, 70, 71, 85, 86, 87, 88, 89, 90, 92, 93, 94, 114
에비슨 61, 66, 90, 147
엘러스 72
엘린우드 32
엡엣 청년회 108
엥겔스 174
여운형 175, 176, 177
연전 139
연합기독대학 78
영국성공회 33, 36
영국성서공회 51, 86
영명학교 79
영화여학교 79

예수 13, 23, 66, 70, 108, 119, 178, 193, 196, 197, 198, 201, 208
예수교서회 90, 178
『예수성교문답』 55
『예수성교요령』 55
오산학교 77
오세창 131, 136
오화영 136
올링거 55, 56
와세다 대학 165
요순시대 104
요한 53, 104
웨베르 66
웨슬레언대학 32
웰치 147, 148
윌리암 타프트 102
윌리엄 그리피스 18
윌리엄 닌데 65
윌슨 대통령 129
유경상 178
유교 41, 132
유길준 121
유대교 195
유성준 55
유억겸 188
유여대 136
윤병구 102
윤치호 28, 29, 33, 87, 121, 122, 176
은율교회 65
을사늑약 75, 80, 82, 102
의명학교 79
의정학교 79
의창학교 79
이갑 176
이갑성 136
이광수 165, 166, 167, 168, 169
이기범 102

찾아보기 217

이대위　178
이동휘　77, 80, 175, 176, 180
이명룡　136
이사야　43
이상설　176
이상재　121, 176, 178
이수정　47, 48, 49, 57
이승만　102, 121, 122, 176
이승훈　131, 136
이용도　202
이용익　28
이윤재　66
이재수의 난(신축민란)　98
이종일　136
이종훈　136
이준　176
이필주　136
이화여학당　72, 73, 79, 140, 153
인성학교　177
일신여학교　79
일진회　165
임예환　136
임오군란　47

ㅈ

장대현 교회　105
재일미국성서공회　48
재한복음주의선교회통합공의회　54
전국신학교 선교사동맹　83, 87
전수학교(專修學校)　140
전조선민중노동자대회　181
전조선주일학교대회　182
전조선청년당대회　181
정감록　179
정동여학당　72
정동예배당　28

정명여학교　79
정신여학교　79, 140
정우회선언　188
정의여학교　79
정진학교　79
정춘수　136, 137
제1차 극동피압박민족대회　177
제르딘　147
제암리사건　155
제이콥 로버트 무스　19, 95
제일고보　140
제중원　61
조상숭배　41
조선공산당　181, 188
조선그리스도 회보　119
조선기독교청년회　177
조선산 기독교　200, 207
조선성교서회　56, 87
조선예수교서회　56
조선일보　185
조세핀 캠벨　84
조지 히버 존스　49
존 로스　47
존 언더우드　87, 121
존스　54, 55, 109
종교개혁　15
죠선크리스도인회보　54
주시경　55
중동학교　77, 140
중앙　140
진명학교　77
진성여학교　79

ㅊ

차병수　102
창신학교　79

천도교 132, 137, 138, 155, 156, 179, 180, 188
천주교 15, 23, 27, 28, 29, 35, 55, 77, 132, 134, 135, 201
청년헤겔파 170
청산학원 77
청일전쟁 74, 98, 99, 100, 101, 111
총독부 139, 149, 162
최남선 131
최린 131, 136, 188
최성모 136
최홍종 195
침례교회 36

ㅋ

캐나다 침례교회 33
캐서린 안 19
케이블 175
켄달 132, 143, 154
코르페 33
코민테른 177
쿤스 80
『크리스도쓰 셩교문답』 56
클라크 177

ㅌ

타프트 가쯔라 메모 102
탑골공원 139, 144
태화관 139
토론토 전도문서회 87
통감부 77, 110

ㅍ

파울링 33
펜윅 33

평양 사경회 106
평양신학교 79, 175, 177
포이에르바하 170
폴로 신학교 19
폴크 71, 113, 114
푸우트(Lucius H. Foote) 113
푸트(W.R. Foote) 33
풍수지리 41
프랑스 혁명 76
프로메테우스 170
플라톤 75

ㅎ

하디 147
하라 151
하세가와 요시미치(長谷川好道) 151
한국기독교역사연구소 18
『한국독립운동지혈사』 129
한불조약 28
한양청년연맹 182
한영학교 79
한용경 75
한용운 131, 136
한위건 139, 177
한인사회당 80, 175, 176
한일신협약(정미7조약) 98, 102, 105
함북청년총연맹 189
함태영 131
합동성서공회 49
해밀턴 홀트 36
행주교회 65, 94
허시모 185
헐버트 30, 39, 40, 55, 66, 109
헤겔좌파 170
헤론 56, 61
헤이그밀사사건 102

헨드릭스 33
헬라 정교회 33
현산학교 77
현상윤 131
협성회보 56
혜민서 61
호수돈여학교 79
호튼 18
홀기념병원 152
홍기조 136
홍병기 136
홍영식 61
화요회 181
활인서 61
휘문의숙 77, 140
흥업구락부 188

기타

1907년 대부흥운동 105, 109
3·1운동 6, 16, 17, 125, 129, 131, 132, 133, 134, 135, 137, 138, 139, 140, 141, 144, 145, 146, 148, 149, 150, 153, 154, 155, 156, 157, 158, 161, 162, 179, 201, 204, 208
『Japan Advertizer』 155
『The Christian Advocate』 85
『The Gospel in All Lands』 85
『The Korea Field』 55
『The Korean Repository』 55
『The Korean Review』 55
YMCA 108, 133, 178
YWCA 73, 133

김 행 선

1954년 서울 출생
1977년 고려대학교 문과대학 불어불문학과 졸업
1996년 고려대학교 일반대학원 사학과 문학박사
2002년 고려대학교 아세아문제연구소 연구조교수
2005년 성균관대학교 동아시아 유교문화권 교육연구단 연구조교수
1991-2014년 고려대학교 사학과 강사

저서
- 『1970년대 유신체제기 경찰의 조직과 활동』, 선인, 2018.
- 『1970년대 유신체제기 학교새마을운동의 조직과 활동-대학새마을운동을 중심으로』, 선인, 2017.
- 『1980년대 전두환 정권의 수립』, 선인, 2015.
- 『고난을 딛고 일어나 걸어라』, 선인, 2014.
- 『유신체제기 통일주체국민회의 권한과 활동』, 선인, 2014.
- 『1970년대 박정희 정권의 문화정책과 문화통제』, 선인, 2012.
- 『루소의 생애와 사상』, 노란숲, 2011.
- 『초기경전에 나타나는 석가모니의 생애와 사상』, 선인, 2010.
- 『6·25전쟁과 한국사회문화변동』, 선인, 2009.
- 『역사와 신앙』, 선인, 2008.
- 『한국근현대사 강의』, 선인, 2007.
- 『박정희와 유신체제』, 선인, 2006.
- 『4·19와 민주당』, 선인, 2005.
- 『해방정국 청년운동사』, 선인, 2004.
- 강만길 외, 『근대 동아시아 역사인식 비교』, 선인, 2004.
- 『동서양 고전의 이해』, 이회출판사, 1999.